1913

繁华将尽的时代终章

Was Ich Unbedingt Noch Erzählen Wollte

[德] 弗洛里安·伊利斯 著
杨瑞璐 译

译林出版社

1月

电影默片时代结束了；马克西姆·高尔基在卡普里岛上晒伤了；《剧院》杂志刊登了库尔特·图霍尔斯基的第一篇文章 / 5

2月

奥斯纳·巴纳克发明了第一款可以拍摄小幅照片的相机；赫尔曼·黑塞急着找他的牙医；奥托·维特成为国王 / 43

3月

阿尔弗雷德·魏格纳在零下30摄氏度的营地撰写关于大陆漂移的大作；马塞尔·普鲁斯特找到了愿意接手《追忆似水年华》的出版商 / 69

4月

弗兰茨·卡夫卡用除草的方式治疗自己的神经衰弱；马塞尔·杜尚收起了画笔，当上了图书管理员，可可·香奈儿说她把自由还给了女性的身体 / 83

目录
contents

7月

贝托尔特·布莱希特心脏出了问题；马蒂斯夫人因为自己的肖像画被涂抹而哭泣；蒙德里安的大作《画作1号》《画作2号》诞生 / 163

5月

罗莎·卢森堡采了一朵金凤花，制成了永恒的标本；艺术组织"桥社"骤然解散；《春之祭》进行了首演 / 125

6月

里尔克又感冒了；埃米莉·戴维森在观看赛马比赛时自尽；尤金·克里斯多夫在环法自行车赛中徒步14千米却位列第七 / 139

8月

基尔希纳去海边游泳；人类登上了奥林匹斯山；马塞尔·普鲁斯特与自己的司机私奔；舞蹈天才尼金斯基居然爱上了一个女人 / 193

9月

欧内斯特·海明威开始练拳击；弗洛伊德和荣格之间展开了一场对决；罗兰·加洛斯成为飞越地中海的第一人 / 221

10月

西门子公司获得电话拨号盘的专利；克洛德·德彪西和莫里斯·拉威尔发现了一模一样的音乐创作题材；一颗新的彗星被发现 / 251

12月

全球首家加油站开业；佳吉列夫想要复仇；卡尔·威廉·迪芬巴赫发现《死亡之岛》；弗兰克·韦德金德对突然出现在生活里的儿子惊愕不已 / 301

11月

路德维希·冯·维特尔斯巴赫登基；《追忆似水年华》出版；手持吸尘器"花花公子"问世；伊莎多拉·邓肯又有了一个孩子 / 275

主要参考文献 / 335

致谢 / 346

1913

冬天

马克西姆·高尔基在卡普里岛上晒伤了。彼得·潘特的名字紧随特奥巴尔德·蒂格之后。赫尔曼·黑塞急着想找他的牙医。普契尼对决斗没有兴趣。一颗新的彗星出现在天际，拉斯普京让沙俄的女性神魂颠倒。而马塞尔·普鲁斯特找不到出版商来出版《追忆似水年华》。医学博士阿图尔·施尼茨勒在操心他最棘手的病人：当代。来自柏林潘科区的一位吞火者成了阿尔巴尼亚的国王；他仅仅在位五天，但毕竟在位过。

斯达尼斯洛·维特凯维奇为迷人的雅德维加·扬切夫斯卡拍照。后者已经为自己弄到了一把左轮手枪

I
月

❋

在这个跨年夜,从1912年12月31日到1913年1月1日之间的几个小时,我们的当代由此开启。这天气对于这个季节来说太暖和了——这是我们知道的,除此之外我们一无所知,唯有热烈欢迎。

❋

12月31日这天,科隆天色渐晚,外面下着小雨。鲁道夫·斯坦纳在激情洋溢地演讲,这是他连续第四个晚上在科隆演讲了,听众们目不转睛地盯着他的嘴。只见他端起一杯茉莉花茶,喝了一口,这时钟声敲响了12下,人们听到街道上的叫喊和欢呼声,但是鲁道夫·斯坦纳没有停下来,他宣布只有瑜伽才能让混乱的德国重新获得安宁:"瑜伽可以让被束缚的灵魂解放出来,超越这种束缚。"说话声持续着,又陷入沉默中。新年快乐。

❋

毕加索低头看向他的狗,弗利卡这只布列塔尼犬和德国牧羊犬的稀有混血犬正仰头看着他。它不喜欢主人收拾行李,哀嚎着,非要跟着一起去,不管去哪里。所以毕加索干脆牵了狗绳,喊来他的新情人夏娃,就这么两人一狗从巴黎出发,搭乘下一班火车前往巴塞罗那。毕加索想把他的新爱人介绍给年迈的父亲。(不出一年,他的父亲、狗和夏娃都过世了,但此处暂不细说。)

❋

赫尔曼·黑塞和他的妻子米娅想要再尝试一次。他们把三个孩子布鲁诺、海纳和马丁送到了岳母家,之后出发去了格林德尔瓦尔德。这地方离他们在伯尔尼旁边的新房子不远,他们上了山,住进名为"驿站"的小旅馆。在这个时节,下午 3 点刚过,这个旅馆便会陷入巍峨的艾格峰北坡的阴影里。黑塞和妻子希望能在这片阴影中重新找回爱情。就像其他人丢失拐杖或者帽子一样,他们遗失了爱情。但是天空在飘着雨。"等一会儿,"旅馆老板说,"雨马上就会变成雪了。"于是他们借了滑雪板。但是毛毛雨还在继续下。旅馆里的漫漫跨年夜让人煎熬且沉默,幸好葡萄酒不错。总算到零点了,他们疲倦地碰杯,然后回到了房间。第二天早上,他们把厚重的窗帘拉到一边,向窗外看去,雨还在下。所以吃完早饭后赫尔曼·黑塞把没有用上的滑雪板还了回去。

❋

这时,里尔克正在西班牙小城龙达给精神矍铄的罗丹写信,内容非常感人。

❋

12月31日,胡戈·冯·霍夫曼斯塔尔闷闷不乐地在维也纳街头散步。这是辞别旧岁的最后一次散步。冰霜包裹着林荫大道两旁的树枝,墙壁缝隙里也挂着洁白的冰晶。黑夜的凉意渐渐笼罩着这座城市。他回到家的时候,镜片蒙上了雾气,他拿出用花体绣着名字首字母的手帕擦干净了。他把钥匙放在斗橱上,伸出仍然冰凉的手抚摸着这件家具——这是件传下来的物件。然后他也摸了下精美的镜子,它曾经挂在祖先的房子里。他坐在手工制作的奢华书桌旁边,写道:

"有时候人们认为,我们的父亲和祖父只给我们后辈留下了两样东西:漂亮的家具和过度纤细的神经。除了冰冷的生活、枯燥乏味的现实以外,什么都没给我们留下。我们只是旁观着自己的生命,我们早已将杯中酒提前喝干了,但是仍感觉到无休止的口渴。"然后他喊来仆人,要了第一杯白兰地。但是他早就明白,这对挂在他疲惫眼皮上的忧郁无济于事。对此他无计可施,但是他知道衰败。当其他人只是隐约有所感觉,当其他人在借此玩些把戏时,他已经知晓了结局。于是,他给朋友埃伯哈德·冯·博登豪森写信,感谢他"穿越阴沉压抑的德国"送来问候。接着,他承认:"我总是感觉如此特立独行,这些日子,在这个杂乱无章、暗中充满恐惧的奥地利,在这位历史的继子这里,我感到自己如此异样、孤独和忧心忡忡。""没有人,"信中写道,"听我说话。"

霍夫曼斯塔尔在年少时就成为传奇,他的诗句风靡欧洲。斯特凡·格奥尔格、乔治·布兰德斯、鲁道夫·博尔夏特、阿图尔·施尼茨勒,他们都为这位天才所吸引。但是年少成名让胡戈·冯·霍夫曼斯塔尔不堪重负，他几乎不再发表作品了。现在，到了1913年，他几乎已经被大家遗忘了，他是旧日时光、"昨日世界"的遗物，这位当年的神童现在随着奉他为神童的时代一起彻底留在了过去。他是古老的奥地利、那个维也纳的最后一位诗人。在这里，到1913年1月时，皇帝弗朗茨·约瑟夫一世的统治已经进入第65个年头了，真是不可思议。1848年他加冕称帝，1913年仍然在位，仿佛这是最天经地义的事情一样。然而，他那从上世纪中叶开始的统治如今已不再显赫，此时现代主义正在维也纳接过统治权。革命的领导者们包括罗伯特·穆齐尔、路德维希·维特根斯坦、西格蒙德·弗洛伊德、斯特凡·茨威格、阿诺德·勋伯格、阿尔班·贝尔格、埃贡·席勒、奥斯卡·柯克西卡和格奥尔格·特拉克尔。他们用文字、声音和绘画颠覆了这个世界。

❋

女按摩师总算离开了，托马斯·曼那精致优雅的岳母黑德维希·普林斯海姆，傍晚从慕尼黑阿尔西路12号的别墅出发，去"托米家"参加跨年夜的晚宴（这不是纽约餐馆的名字，而是颇有家长做派的她给女儿卡蒂娅的小家庭取的昵称，他们婚后住在毛厄基歇尔街 13 号）。但刚在托马斯·曼家坐下来，她的背又开始疼了，这该死的坐骨神经痛。因为好托米明天得去柏林（他将来会苦涩地对这件事感到后悔），这个总是扫兴的家伙在跨年夜 11 点就突然提前离场了："你们知道，我明天早上得出门。"但是在岳母看来，之前的气氛最多也就"勉强算得上融洽"。回家途中在哐当作响的电车上，他听到了欧迪恩广场的钟敲响了 12 下。她的背在疼，她的丈夫，数学教授阿尔弗雷德·普林斯海姆坐在她旁边，一言不发，在算着某个复杂的质数问题，毫无浪漫可言。正好一街之隔的卡尔·瓦伦汀在这个晚上给莉斯尔·卡尔施塔特写信："但愿我们永远健康，永远保持宝贵的幽默感，你也要继续做我那个乖巧的好莉斯尔哟。"多么浪漫啊。

※

对的，就是在这个夜晚，远在新奥尔良市的路易斯·阿姆斯特朗开始吹奏小号。而在布拉格，弗兰茨·卡夫卡坐在敞开的窗户前,充满渴求地、满怀憧憬地、心烦意乱地给住在柏林伊曼纽尔基尔希路4号的菲丽丝·鲍尔小姐写信。

❄

伟大的匈牙利小说家、弗洛伊德的信徒、吗啡成瘾者兼色情狂查特·盖佐在这个夜晚坐在自己的医生宿舍里,它位于小型疗养地什图布尼尧的疗养院内,坐落在庞大的哈布斯堡帝国的边陲。他还读了一会儿卡萨诺瓦的文章,接着点燃了一根卢克索雪茄,又给自己注射了0.002克吗啡,然后做了个成功的年度总结:"360至380次性交。"还能再具体些吗?当然可以。查特列了一张表,事无巨细地记录着他和爱人奥尔加·约纳斯的关系,要论详细,这张表格程度只比罗伯特·穆齐尔略微逊色些:"345天,424次性交。"他已经在做年度总结了:"吗啡消耗:1 700毫克。"又继续写道:"收入7 390克朗,虏获了十位女士的芳心,其中包括两名处女。出版了我那本关于精神疾病的书。"那1913年会是什么样子呢?计划是明确的:"每两天一次性交。装假牙。买新外套。"那就开始吧。

❄

1913年,万象更新。遍地都是新创办的杂志,想把时针拨回零点。马克西米利安·哈登1892年就开始在他的杂志《未来》中宣称未来属于自己,而下一代人却打算直面当下。戈特弗里德·贝恩,这位柏林韦斯滕德医院的年轻医生把刚写完的诗寄给了保罗·策希的杂志《新热情》和海因里希·巴赫迈尔的《新艺术》。只有1913年新创刊的《开端》他暂不考虑。当时《开端》第一期第一页上刊登的是年轻的瓦尔特·本雅明的作品。这是一个象征性的开端,也是一个象征性的终结,"19世纪前后柏林童年"的终结!

❄

马塞尔·普鲁斯特总算完成了《追忆似水年华》的第一卷。终于完成了712页密密麻麻的稿子。他把这本厚厚的手稿寄给了巴黎的法斯凯勒出版社,然后是奥伦多夫出版社,之后是伽利玛出版社。全都遭到拒绝。伽利玛的拒信是其总编辑、作家安德烈·纪德亲手写的。他不久前在奥斯卡·王尔德的帮助下，在摩洛哥感受到了同性之爱的欢愉，想必甚是得意。纪德读到差不多 70 页就停了，因为他发现普鲁斯特在描述某种发型时在句法上出现了差错，这让他很是恼火——安德烈·纪德和马塞尔·普鲁斯特一样容易激动。总之，纪德认为这位作者不堪信任。日后，等他自己头发几乎掉光的时候，安德烈·纪德承认这次因为发型描述的句法错误而跌的跟头是其人生最大的失误。但现在先陷入绝望的是普鲁斯特。他这么写道："在我的墓穴盖上之前，这本书的墓穴已经挖好了。"

❋

1 月 1 日早上，更详细地说是 8 点半，如果您想知道确切时间的话——皇帝威廉二世和皇后奥古斯塔·维多利亚在波茨坦的新宫登上了汽车，前往皇室总部柏林工宫。他们顺利抵达，没有发生什么值得一提的事情。这是个吉兆吗？

❉

1月1日下午,加利福尼亚发生了一场地震。震中所在之地正是硅谷,这个日后统领世界的地方。1月1日,美国第一个邮政包裹发出,丝毫没有受到地震影响。几天之后,在写长篇小说《美国》的弗兰茨·卡夫卡却毫无头绪,中断了自己的写作。

❉

1月2日,匈牙利的议会首脑第萨·伊什特万伯爵和反对党主席米哈伊·卡罗利伯爵为他们头脑简单且市民阶层出身的同事们做了个示范,如何用最有意义的方式解决政治纷争:一场决斗。1月2日凌晨,他们持剑对峙。两个人都受了轻伤。第二天继续议会的工作。接下来,卡罗利伯爵必须尽快结婚,他因为打牌而债台高筑,欠下了1 200万克朗。而第萨伯爵在6月10日再次当选匈牙利首相。但这并没有妨碍他在8月20日参加另一场决斗,这次对象是反对党议员乔治·保帕拉维齐尼,他指控第萨在一场名誉权的审判中对证人施加了影响。

这次决斗的双方也都负伤了。在经历了无数其他乱七八糟的事情之后，第萨在1918年10月的那场战争中被起义军开枪射杀，死前留下了珍贵的遗言："命中注定。"

❋

是命中注定吗？不是的。1月2日，贾科莫·普契尼在他的托斯卡纳庄园里收到了一封要求决斗的战书。慕尼黑的阿诺德·冯·特滕男爵无法再忍受普契尼和自己妻子的风流韵事了。但是相较于把枪口指向人类，普契尼更喜欢瞄准鸭子和野猪。他让人转告男爵，可惜他目前没有时间参加这样的决斗。

❋

第二天，阿图尔·施尼茨勒在维也纳把《儿戏恋爱》这部剧的电影剧本寄往哥本哈根的北欧电影公司。剧本里，新踏入爱河的少尉弗里茨因为早年与一位已婚女士的风流韵事而接受决斗，被戴了绿帽的丈夫虽然对妻子已经毫无爱意，但这毕竟事关荣誉。弗里茨卒。荣誉恢复了，但是完全没有意义。面对当下（这个他最棘手的病人），阿图尔·施尼茨勒博士给出了如上诊断。

❈

1月3日，电影默片的时代结束了。在新泽西州西奥兰治，托马斯·爱迪生当晚在工作室里首次展示了有声活动电影机。这是首次能够同时放映图像和声音。就这么播放了起来。

❈

1月4日，德国陆军总参谋长阿尔弗雷德·冯·施里芬过世了。他一辈子都在谋划战争。这位当时最伟大的战略家，提出了"一号行军计划"，即在世仇动手之前先发制人，这就是著名的施里芬计划。按此计划，德国陆军应该迅速攻占法国。但是他现在过世了，一切还会好起来吗？

❈

1913年1月，恩斯特·策梅洛在国际数学家大会上第一次提出了博弈论——以国际象棋为例。"在有限的（二人零和）游戏（类似于下棋）中，要么其中一方有压倒性的策略，无论怎样都会赢，对方采取怎么样的策略都无济于事；要么不存在这样的策略。"这话说得让人一头雾水。幸好施里芬这位擅长主导的战略家刚刚过世。只有棋类游戏是二人零和游戏吗？或者决斗也是？或者爱情也是？

❆

年轻的匈牙利舞蹈演员罗慕拉·德·普尔斯基芳龄二十三，满头金发，非常美丽。她肤色雪白，眼睛蓝得像塞夫尔的瓷器。在这个冬天，她在布达佩斯迷上了俄罗斯芭蕾舞团，特别是迷上了二十四岁的尼金斯基在《牧神的午后》中的经典角色。当著名经纪人佳吉列夫带领舞团前往维也纳时，她便跟着一同前往了。那时罗慕拉就明白她确实对俄罗斯芭蕾舞也感兴趣，但是对尼金斯基尤其感兴趣。在维也纳，她找了个借口和佳吉列夫在布里斯托酒店的沙龙里私下见了一面。表面上她是在谋求舞团里的职位，但其实她所求的角色是尼金斯基的枕边人。佳吉列夫立刻就察觉到了,他捍卫他那长相类似鞑靼人的爱人,因为对方的同性恋取向而误认为自己立于不败之地。他认为自己和尼金斯基就像在玩一场二人的零和游戏。尽管佳吉列夫生了疑心,但是罗慕拉动用自己关系即刻正式加入了舞团。现在舞团巡演到了伦敦。晚上他们在考文特花园表演《彼得鲁什卡》和《牧神的午后》,到了白天则开始进行革命性的彩排。彩排的作品是斯特拉文斯基的《春之祭》,它描绘了远古时期原始森林中的场景。1月份的伦敦冷雨凄凄,尼金斯基尝试为这部剧编舞。结果一再失败。人们几乎无法判断斯特拉文斯基的这一幕什么时候结束,下一幕什么时候开始,一切都如此破碎又交织在一起。尼金斯基绝望到几乎要怀疑斯特拉文斯基的天分了。他一再不知所措地中断彩排,愤怒地自言自语。罗慕拉·德·普尔斯基则贴心地给他肩上披上暖和的毯子,免得他感冒。

※

埃贡·席勒目不转睛地盯着这个女人。他不得不一次又一次地为瓦莉·纽泽尔作画,大多数时候是裸体,或者至少私处是赤裸的。但是即使在这样的时刻,她的眼睛也是如此冷漠,让人不安,真是一种恬不知耻的时髦。1月8日下午,埃贡·席勒又坐在了他在维也纳希岑格主街101号的画室里。几乎总是有两三位模特同时在场,她们避开日常纷乱,稍作休息、伸展身体、整理衣裙、把自己交付给席勒。而他坐在画架前,像老虎一样潜伏着,一旦发现特别的主题,便一跃而起。然后他突然喊道:"停!"声音穿过热烘烘的大空间,模特必须立刻保持不动,他则迅速下笔。如果他乐意的话,还会蘸一点红色和一点蓝色。在画瓦莉的时候他喜欢用夸张的亮橙红色来画长袜的松紧带、嘴唇和私处,有些时候头发也会用上这种颜色。这种夺人眼球的红浓烈如血。1913年1月8日,席勒又一次对着瓦莉·纽泽尔挪不开眼,他沉迷到要强迫瓦莉(或者是她自愿)写下单身声明。她半裸着,朝着埃贡·席勒俯下身,在他珍贵的速写本上写下了这些句子:"我在此保证,我没有爱上这个世界上的任何人——瓦莉。"而他如释重负,不知道现在是应该画她还是爱她。

❄

"骆驼"这个香烟品牌诞生于北卡罗来纳州温斯顿-塞勒姆。二十支一包的香烟包装便是由它首创的。20世纪的香烟产业就这样从1913年开始了。可惜从那时起,骆驼牌香烟的图标不是双峰骆驼,而是单峰骆驼,并且是一头来自巴纳姆和贝里马戏团的名叫"老小伙"的骆驼。1913年1月,马戏团在温斯顿巡演,理查德·约书亚·雷诺兹放下手上设计香烟图标的工作,下午带着孩子们去了马戏团。当晚在他的画架上就出现了一幅单峰骆驼图。这是父母育儿假最初为全球设计历史做出的秘密贡献。

❄

摄影师海因里希·屈恩为自己的女儿洛特和埃德尔特鲁德拍了一张照片。她们如此好奇地看向这个世界,如此勇敢,但是看上去也似乎预感即将有事发生。正是在这张照片诞生的时候,戈特弗里德贝恩写道"在厄运到来之前再一次盛开"。这位摄影师父亲确实是在

1913年用自己发明的"奥托克罗姆"天然色彩相片技术给女儿们留下了彩色影印照片。采影,这说法是多么的美妙和老派。但是屈恩确实是这样做的,他用照相机和相纸多次试验,成为第一批借用光影力量拍摄真正的彩色照片的摄影师。用他自己的话来说,是温柔而不甜腻的照片。就像阿达尔贝特·施蒂夫特《晚夏》里的画面一样。他的孩子们必须总是身着红色、蓝色、蓝绿色的衣服出现在镜头前,就像小演出团一样。

"采影师"屈恩——这又是一个美妙的老派词——在因斯布鲁克附近的理查德-瓦格纳大街6号的住所附近的山坡上掀起了一场革命。因为他第一次把人类对世界的自然感知和照相机里的世界匹配了起来。因为没有人眼中的世界是黑白的,但在1913年,大家接触的摄影仍然是简化的黑白版本,肖像照、报纸照片、翻拍的绘画作品、电影院的电影都是黑白的。1904年出生的洛特和1897年出生的埃德尔特鲁德,她们还不知道自己成了人类精神史上这场小范围革命的先驱(这也是父母育儿假最初为世界摄影史做出的秘密贡献)。她们当时还只是孩子。她们继续在花园里繁茂的栗树下玩耍,爬上屋后的高山牧场,目光越过篱笆眺望远处的山谷。她们和保姆玛丽·瓦尔纳嬉戏,后者是在她们母亲过世的时候来到她们身边的。她们发现不知道从什么时候开始,父亲给保姆拍照的频率比得上给她们拍照的频率了。由此她感受到爱是如何开始的。这也是不错的人生体验。另外,《1913:世纪之夏的浪荡子们》这本书提到的正是这位玛丽·瓦尔纳和埃德尔特鲁德在花朵盛开的蒂罗尔草地上奔跑,当时上方飘过一朵云,预示着危险的未来。这张照片拍摄于"1913年8月美好的一天"。罗伯特·穆齐尔的世纪巨作《没有个性的人》的开头正是这句话。在虚构的1913年,托马斯·曼《魔山》里的故事迎来了结尾。而在现实的1913年,这本书的写作才开启。摄影中大胆的魔山,带着散发着渴望和忧愁的山坡,也在阿尔卑斯山里,离达沃斯不远。

❈

1月,在维也纳的弗洛伊德正在考虑"弑父"。1月,伟大的波兰先锋艺术家小斯达尼斯洛·维特凯维奇为了反抗父亲老斯达尼斯洛·维特凯维奇,大张旗鼓地把自己名字改成了"维特卡西"。但并没有多大用。他仍然和爸爸住在一起,住在波兰塔特拉山脚下的扎科帕内,一个波兰知识分子聚集的地方。偏偏这个地方还充斥着他父亲的著名建筑作品。这是波兰的达沃斯,各地真真假假的肺病患者都会前来疗养。房屋建筑混合了高山小屋样式和青年风格,但是现在正值冬天,人们几乎看不出来这些,雪在屋顶上堆积得很高。大片雪花落下,似乎要把整个世界都裹入沉默一般。当阿图尔·鲁宾斯坦1月来扎科帕内时,维特卡西摆弄着照相机,给这位伟大的钢琴家拍摄了一系列让人惊叹的肖像照。外面的雪高高堆起,几天都没法出门。维特卡西不停地为自己和鲁宾斯坦照相,不停地照。鲁宾斯坦后来说道,维特卡西是一位放荡不羁的多愁善感者、尼采的狂热信徒、低语的梅菲斯特。他后来的代表作叫《永不餍足》——很合适。但是现在,在1913年的冬天,糟糕的感觉又出现了,鲁宾斯坦只能够暂时安抚他的抑郁。但当他开始演奏钢琴时,顿时感觉一切都安静了。维特卡西站在门框旁边,沉醉地听着。这声音,这手指,还有外面的雪。然后还有这位年轻的女士,她为了在高山上治疗肺部问题，冬天寄宿在维特凯维奇家。但是她现在自己变成了一剂良药：斯达尼斯洛·维特卡西·维特凯维奇为这位美丽迷人的雅德维加·扬切夫斯卡作画和拍照。接着，他爱上了她。接着，他和她订婚了。维特凯维奇决定，让她把自己从迷失的生活中拯救出来。可惜不那么成功。几个月后，她在扎科帕内的一个山坡上用左轮手枪结束了自己的生命。而在这之前，她还以狂野的现代主义做派，在赴死的地方放了一大束花，然后把花插在了花瓶里！这样花期就能长过她的生命了。这就是携带指示标的爱神和死神。至少在波兰，浪漫主义的时代在1913年方才告终。

❉

1月8日，当代最重要的艺术作家、法国印象派最有力的传播者（在此处两个最高级使用得都很贴切）尤利乌斯·迈尔-格雷费在柏林维多利亚大街35号卡西勒画廊新的展厅里发表演讲，题目是"我们去往何方？"（他的猜测是通往深渊）。现场人头攒动，但据演讲者说"几乎无人理解"。保罗·卡西勒和他的妻子蒂拉·迪里厄随后想要邀请迈尔-格雷费吃饭,但是后者没有兴趣:"因为我没有和他们一起去爱思普纳德大酒店,乖巧的迪里厄还低声表示不满。"乖巧的迪里厄的确不习惯这种回应。而现在人们是否还能认为她"乖巧"?事实上,迈尔-格雷费回绝这样的邀请是相当冒犯的。因为1913年的保罗·卡西勒和蒂拉·迪里厄毫无疑问是柏林文化届的帝后。这两位在十年前正是在迈尔-格雷费那里共进晚餐时结识的。但是这一切他都不在乎。蒂拉·迪里厄家里养了一只鹦鹉,当女主人开门的时候会清晰地喊出"蒂拉",但他也不在乎。除了他之外,著名演员蒂拉·迪里厄在舞台上让所有人——无论男女都神魂颠倒。而1913年的保罗·卡西勒不仅是德国最有势力的艺术品商人,也刚刚当选柏林分离派的主席,也是这座城市最重要的展览馆的主席,现在他终于把所有的艺术资源都抓到了手里。他的面容和他整个人一样:自我意志强烈、高贵,但是也有爱欲、温柔,同时热情洋溢、充满对权力的渴望,非常容易被触动。他只要开口便滔滔不绝。他和洛维斯·科林特以及马克斯·李卜曼马交往密切,同时也是印象派艺术家的资助者。大概在 1913 年,他展出了人们能想到的梵高、马奈和塞尚的最美的作品。他热爱女性,也热爱冒险。蒂拉·迪里厄同时符合他这两种热爱。

迪里厄与露·安德烈亚斯-莎乐美、阿尔玛·马勒、可可·香奈儿、伊达·德默尔和米西亚·塞尔特并称为 1913 年之际最伟大的六位女性。迪里厄是著名的红颜祸水之一。她其实称不上漂亮,但是激发着人们强烈的欲望,迷倒了所有在慕尼黑或者柏林剧院看过她演出的观众。连亨利希·曼也是一见到舞台上的她,便拜倒在了她的石榴裙下。1913 年春天,他写道:"她是当今欧洲舞台上最前卫的人物之一,没有人比她更称得上现代。她拥有一切可以称为现代的元素:个性、博学广见、神经质,以及才华横溢。"这位来自维也纳教授家庭的女儿有着罕见的美貌,她原名是奥蒂莉·戈德弗罗伊,但之后自己幸运地改了名字,和爱人卡西勒一起着手经营一家开放式的大型画廊。艺术家、作家、商业人士,所有人穿梭于此,一开始是在玛格丽滕街、马泰基兴广场拐角处的公寓,之后在维多利亚大街的别墅里。阁楼房间里住的是恩斯特·巴拉赫,只有当晚上的社交聚会有意思时,他才会下楼。奥斯卡·柯克西卡前来拜访蒂拉·迪里厄和保罗·卡西勒时,总是希望能够在梵高的《阿尔的吊桥》画下入睡。于是,维多利亚大街35号的客房成为了当时欧洲最棒的卧室。早晨,所有的住客都想要为蒂拉·迪里厄绘制肖像,有些也想要立刻和她私奔。比如画家威廉·特吕布纳的漂亮妻子阿莉塞·奥尔巴赫,她为迪里厄神魂颠倒,一路跟着巡演,下榻同一家宾馆,但是当蒂拉没有回应她的爱意时,她割开了自己的动脉。"请你,"保罗·卡西勒这样劝妻子,"不要惹事,我还想继续好好卖她丈夫的画。"

迪里厄被自己丈夫的商业算盘吓到了,在晚上结束演出回家的时候,她就把心思放在了其他的事情上,比如一直热心支持的社会民主。保罗·卡西勒有其他的烦心事,他想要所有伟大的画家都替他的妻子绘制肖像画。科林特、李卜曼、巴拉赫,他们所有人都画过了,1913年弗朗茨·冯·施图克也把她画成了不同版本的喀耳刻。这一年春天,卡西勒频繁写信到法国给年迈的雷诺阿,直到对方无计可施,只得答应和迪里厄约定时间画像。

❉

巴黎的雕塑家阿里斯蒂德·马约尔写信给米西亚·塞尔特,问是否可以为她制作肖像。她曾经是所有伟大的印象主义艺术家的缪斯,随着年纪渐长,如今成为了当代音乐和艺术的慷慨资助者。当时雷诺阿为她画像的时候,还是委婉地问是否可以稍稍解开她的紧身胸衣。现在马约尔直接问她是否可以当裸体模特。她照着镜子,愉快地用法语回信:"不行,谢谢。"

❉

1月9日,皇帝威廉二世找到了上帝存在的证据。在普鲁士反抗拿破仑统治起义战争的百年纪念日上,他突然宣布:"我们有确切的证据表明,上帝曾经与我们同在,现在也与我们同在。鉴于这些显而易见的历史事实,德国青年也能锻造历经烈火考验的信仰之盾,这必须永存于德国和普鲁士的武器装备之中。"

❄

在巴伐利亚的辛德尔斯多夫,弗兰茨·马尔克在他阁楼的画室里,穿着皮毛大衣但是仍然冻得够呛。他在画那幅世纪之作《蓝马之塔》。在屋后的草坪上,他那只温顺的鹿也冻得发抖。妻子玛丽亚给他端了一壶茶,也给鹿喂了一个苹果。

❄

新年之际,马尔克寄了一张画着《蓝马之塔》的明信片到柏林,收件人是埃尔泽·拉斯克-许勒。这位赤贫的女诗人在赫尔瓦特·瓦尔登离开她之后,漫无目的地在街上和咖啡馆间游荡。那位非常年轻的诗人克拉邦德,也就是刚被阿尔弗雷德·克尔发掘出的那位,在《革命》杂志的第一期介绍道:"埃尔泽·拉斯克-许勒的艺术和她的朋友(蓝骑士)弗兰茨·马尔克的风格非常类似。她所有的想法都笼罩着奇幻的色彩,像多彩的动物一样悄然前进。有时候,它们从丛林里出来,走向林间空地:像温顺的红色的鹿一般。它们安静地吃草,看到有人穿过灌木丛时,吃惊地扬起修长的脖颈。它们从来不会跑开,它们通过形体来自我展示。"让我们看看,谁还会畏惧这种形体的存在。

❆

加利福尼亚的死亡谷从没有像1913年1月9日那么冷过。格陵兰农场的温度计显示零下9.4摄氏度。

❆

《剧院》杂志的1月刊刊登了库尔特·图霍尔斯基的第一篇文章,接下来1913年2月是伊格纳茨·弗罗贝尔的处女作,3月是彼得·潘特首次发表的作品,9月是特奥巴尔德·蒂格的作品。弗罗贝尔、潘特和蒂格是图霍尔斯基的笔名。这些笔名他用了一辈子,比对任何女性都要忠诚。

❆

1月12日,约瑟夫·朱加什维利第一次在信件中署名"斯大林"。这个词的意思是钢铁打造的男人。不久之后他将会抵达维也纳,午后在美泉宫皇家公园的积雪中跋涉,思考着马克思主义,思考俄国的革命还有什么成功的方法。对了,这几天年轻的阿道夫·希特勒也确实在这个白雪皑皑的公园里散了步。他也有远大的计划。但是,我们现在仍然不知道他们两位是否真的在这里碰过面。

❋

当斯大林署名为斯大林的时候,同一天,即1月8日,一家名为内格雷斯科的酒店在尼斯开业了。罗马尼亚籍的酒店老板亨利·内格雷斯科身材矮小,留着大胡子。他想要打造世界上最美的酒店,并自认为是世界上最美的男人,所以便用自己的名字给酒店命了名。盎格鲁大道37号这个地方,从诞生伊始就云集了欧洲蓝血贵族和美国金融贵族:范德比尔特家族、洛克菲勒家族、辛格家族出席了开幕式,还有8名王室首脑,包括威廉二世和沙皇尼古拉,这只是第一年的盛况。第一杯香槟是葡萄牙皇后阿梅莉亚饮下的。当时她站在375平方米的地毯上,头顶是高达4.60米、由 16 457 个巴卡拉水晶部件制造的枝形吊灯。吊灯上面则是气势恢宏的穹顶。因为据说这迅速成为传奇的设计是出自埃菲尔铁塔的建筑师古斯塔夫·埃菲尔之手。设计穹顶时,他参考了自己情人胸围的精确尺寸。

❋

F. 斯科特·菲茨杰拉德日后将凭借在《夜色温柔》中对美国金融贵族在蔚蓝海岸的生活的描述,树立了一座文学丰碑。而在成名之前,他这几天在夜以继日地忙着申请哈佛和普林斯顿大学的名额。申请的截止日期是 1 月 15 日。

❋

1 月 16 日,来自印度金奈的 26 岁青年斯里尼瓦瑟·拉马努金给剑桥的著名数学家高德菲·哈罗德·哈代写了一封很长的信。他解释说虽然自己的专业方向不是数学,但可能在过去几周内解开了解析数论的数百个最大的谜题,"见附件"。拉马努金认为自己是虔诚的印度教徒,所以请哈代不要认为这些智慧来源于他,而是来源于掌管科学的守护神娜玛卡,是她在睡梦中传授给他的。哈代沉浸在长达数页的数列中,然后他意识到:斯里尼瓦瑟·拉马努金真的解开了解析数论中的数以百计的最大的谜题,例如计算圆周率的公式。哈代说道:"他说的肯定是实话,因为如果不是,地球上没有人具备这种想象力,想出这些答案。"

他的发现很快被载入史册,例如拉马努金质数理论、拉马努金 θ 函数理论和拉马努金整数分拆。他成为了英国皇家学会会员和剑桥大学三一学院的成员。当天神再次向他悄声传授新公式的时候,他很乐意连续伏案工作 24 小时或 36 小时。他还出版了自己的杂志《拉马努金杂志》,用以发表自己的大量成果、计算模型和提出的解决方案。不久之后他便离世了——只是这一点他没有计算出来。

❋

1 月 25 日,奥托·冯·戈特伯格在《德国青年报》这份德国青年周刊上用严肃的口吻写道:"对战争的喜悦和渴望必须静静地深植于德国人的心中。因为我们已经受够了敌人,胜利只会属于像在歌声和鼓乐之中庆祝节日一样奔赴战场的民族。他还写道:"我们要以男子汉的胸怀来看待这件事,倒下后被镌刻在教堂的英雄碑上永垂不朽,比寂寂无名地死在床上更美好、更荣耀。"1913年度奥托·冯·戈特伯格的结论是:"战争是美好的。"

卡普里的天气也许确实好一点点?无论如何,那里的1月已经暖和起来了,有十五六摄氏度,有时候海水看上去已经蓝到似乎适合游泳了。柠檬树开花了,当人们沿着狭窄的小径绕过山丘,转过某个拐角时,会突然嗅到这股香味。马克西姆·高尔基今天正沿着蜿蜒的克房伯道下山,这条道是几年前为爱痴狂的德国工业大亨克房伯让人从岩石里凿出来的。在玛丽娜·皮科拉海滨的一侧,即使在冬天,到了下午三点或三点半的时候也能看到太阳;而另一侧,即高尔基住的地方,已然沉入了阴影中。在下坡去海边的路上,他只听到蝼螈发出美妙的"沙沙"声,一旦靠近,它们便飞快地躲进干枯的橄榄树叶中。他看到最后几颗被遗忘的水果像圣诞灯笼一样挂在藤蔓上。阔叶树仍然光秃秃的,但第一批扁桃树已经开花了。海水从下方卷上来,拍打着白垩悬崖,发出"哗哗"的声音。高尔基脱下外套,眺望着辽阔的大海,不是望向麦加,而是圣彼得堡。他很难在冬天想象那个被雪和刺骨冰冻笼罩的俄罗斯;而在这里,他正敞着衬衫在海边喝咖啡。前段时间,他还和流亡途中来访的列宁坐在海边下棋,思考需要牺牲哪些士兵才能一劳永逸地将俄国的沙皇干掉。

如今的高尔基问自己,在这里——这片被施了法术的沙滩上,他是不是真的能为祖国的革命做出应有的贡献。他还不被允许回国,但是希望能得到赦免。后来,当太阳落山,他走回自己的别墅时,感觉鼻子有点被晒伤了。当他走到无风的室内,坐到办公桌前时,那块皮肤真的火辣辣地疼了起来。

要是在以前,他的情人玛丽亚会给他擦一些油,说几句关心的话,但她现在走了,怒气冲冲,因为他没能彻底和第一任妻子卡蒂亚分手。他摆脱这种混乱,让自己平复下来的方式是坐到书桌前,立刻把思绪投入到他人生中最重要的女性形象上,也就是如痴如醉地投身于自己的伟大小说《母亲》中。六年前,当高尔基刚到卡普里,希望在这里、在阳光灿烂的流亡途中为俄国革命做准备时,他曾发誓"至少要留下六百年"。现在,他有时会想,六年也许也够了。高尔基从书桌上抬起头,望向大海,椅背上站着的是他最喜欢的鹦鹉洛雷塔,脚边躺着猎狐梗托普卡,他稍微怀念了下玛丽亚。对卡蒂亚的怀念则少一些,而对俄国的怀念则很多很多。

❋

星期六,1月25日,第一位获得飞行员执照的德国女性,26岁的阿梅莉·贝泽和法国航空先锋夏尔·布塔尔结为夫妇。按照德国法律,阿梅莉·贝泽-布塔尔成为了法国人,这让她德国的女性崇拜者们非常反感。

❋

这几天,裸体主义的支持者理查德·翁格维特发表了自己的经典作品《裸体与文化——新要求》,并向阿梅莉·贝泽-布塔尔致以小小的问候:"假如每位德国女性都能经常看到裸体的日耳曼男性,"他写道,"就不会有那么多人去追求其他种族的男性了。"

❋

1月28日,小杰克逊·波洛克在怀俄明州的科迪庆祝他的第一个生日。餐桌上摆着西红柿肉酱意大利面。桌布是《滴画1号》的真迹。

真理之山(Monte Verita)全年都吸引着人们在火山口起舞

2月

❊

奥斯卡·巴纳克发明了第一款可以拍摄小幅照片的相机,从此普通人也可以自己随时随地想拍就拍了。他在韦茨拉尔的一家小公司上班,负责显微镜设计。但是在闲暇时间,他是个狂热的摄影爱好者。他在夜晚反复摆弄,终于发明出一种便携式照相机,可以用小卷的胶卷拍照。最后他顺手就把莱兹(Leitz)和照相机(Camera)两个词组合在一起,于是第一部徕卡(Leica)诞生了。

❊

拉斯普京是位巡回传教士,也是名眼神错乱的医师。御医们无计可施时,他便奉召入宫。皇储阿列克谢患有一种罕见的血液病,有一天他摔倒后内出血不止,无人可以医治。于是,沙皇的妻子亚历山德拉在绝望中召见了拉斯普京。他来了就祈祷,接着为阿列克谢催眠,血终于止住了。这一刻起,沙皇的妻子也为之倾倒。之前她情急之下匆匆祈祷,而这一刻她把拉斯普京当作上帝给她的答复。但是在圣彼得堡,厚实的宫墙之外不应当有人知道皇储(沙皇唯一的儿子)患有这种血液病。因此拉斯普京频频成为皇后的座上客,这是严格保密的。要知道,他在广袤荒凉的大地上四处游历,也在圣彼得堡各处寝宫之间穿梭,这位性爱大师的名声早已在坊间流传。他身穿黑色长袍,身材高大健壮,目光犀利,充满野性。据说他偏好在祷告或者美妙的降神仪式之后勾引女性。拉斯普京试图让女性追随者相信,一个人在得到上帝的宽恕之前,必须先犯下罪行。

至于他与沙皇妻子的关系有多密切,没有人知道;在宫廷里有传她在性事上对他百依百顺。杜马主席觐见沙皇,沙皇颁布了禁令,禁止拉斯普京入宫。但在1913年春天,年轻的阿列克谢在前往雅尔塔的旅途中又跌倒了,再一次出血不止。生死存亡之际,沙皇妻子再一次绝望地召见拉斯普京——他匆忙赶来。又一次,他通过祈祷挽救了阿列克谢的生命。

拉斯普京是沙皇、杜马、特工机构的眼中钉,他遭到无数次暗杀,但暗杀一再以失败告终。1913年春天,内政部长赫沃托夫因为无能不得不辞职。不久之后,一位前特工在俄国的《交易所报》上公布了一份清单，详尽记录了所有失败的暗杀。朝廷想要除掉拉斯普京的举动当然是愚蠢的。因为首先他能救皇储的性命；其次，他一再预言，如果他死了，罗曼诺夫王朝三百年的统治也会走向尽头（当然，这预言也应验了）。

❋

在不愉快的新年假期结束后，赫尔曼·黑塞在家几乎待不住了，他越发怀疑市民阶级的婚姻和艺术是否能够结合。正如戈特弗里德·贝恩后来在诗里问道："非常值得思考的是：婚姻和男人的事业／麻痹还是驱力？"对黑塞来说这意味着麻痹。在小说《罗斯哈尔德》中，他几乎直白地描述了自己的努力，还是想要在伯尔尼附近的施罗斯哈尔德找到某种与妻子米娅共处的方式。但他们租的房子以及那杂草丛生的花园，只是沦为了失败婚姻的见证。罗曼·罗兰前来拜访，他描述了家里紧张的气氛，黑塞奇怪的外表、稀疏的胡须及冷漠的眼神，旁边是米娅，他"既不是非常漂亮也不是很年轻"的妻子。夜幕降临的时候，双方都松了一口气。然后他和孩子们一起在花园里找柴火,点起了壁炉。

当儿子们都睡了,米娅给他朗读歌德的作品。他闭着总是生疼的眼睛,继续沉溺于梦境,不需要开口。他给父亲写了封长信:"不幸福的婚姻,正如《罗斯哈尔德》这本书里讲的一样,根源完全不在于错误的选择,而在于更深层的'艺术家的婚姻'问题。"聪明的库尔特·图霍尔斯基在阅读这本书时,察觉到作者身上发生了某种质的改变:"这不是我们亲爱的、善良的、以前的黑塞,这是另外一个人,他已经拆掉了家里的帐篷,并且出发了——他要去哪里?"

2月1日,赫尔曼·黑塞收到了妮侬·奥斯兰德从切尔诺夫策寄来的信,这位年轻的崇拜者即将高中毕业,他们书信往来已经有一段时间了。但是这还不能证明他俩关系的成熟度。直到14年后,他们才会同居并结婚,但我们不想先说这一段。现在黑塞要去看牙医了,他去康斯坦茨的施伦克尔医生那里补牙。黑塞这些日子过得有多糟糕,孩子们的吵闹声、焦虑、失眠和绝望是如何折磨他的,光是从他甚至在期盼着看牙医这件事情上,我们就可以推测出来:"我承诺要给自己两三天的时间来散心和休养,我希望我的牙齿有很多地方要修补。"这个男人终于能被拯救了。

※

马塞尔·杜尚去年在慕尼黑待了三个月,他留下了些什么?无论如何他留下了两件重要的东西。一张出自海因里希·霍夫曼之手的时髦肖像照,这张照片会在今年2月出现在阿波利奈尔的大作《立体主义画家》里,代表了杜尚首次并且永远进入艺术的奥林匹斯山(海因里希·霍夫曼之后以希特勒的御用摄影师身份闻名,但此处暂且不表)。杜尚在慕尼黑留下的第二颗果实显然是结在了房东的妻子特蕾莎·格雷斯的腹中,他当时租住在巴列路65号二楼左边的房间里。这个孩子出生于1913年的夏天,正好和杜尚在慕尼黑的时间隔了九个月。房东奥古斯特·格雷斯白天不在家,他在马费伊机车厂担任机器设计师。所以杜尚有很多日子是独自待在房子里的,旁边就是迷人的特蕾莎·格雷斯的缝纫间,客厅的缝纫机"哒哒"地响个不停。在慕尼黑的岁月里,杜尚的画中出现了许多缝纫机和线,这十分特别。而有一条线似乎被他亲自抓在了手里。杜尚后来有次说到,慕尼黑对他来说是绝对自由之地。

❋

菲舍尔出版社在2月初出版了托马斯·曼的中篇小说《威尼斯之死》,作者称之为"一个关于没落的快感的故事"。这几天,离托马斯·曼的住所两条街之外,奥斯瓦尔德·斯宾格勒每天早上都在伏案写作《西方的没落》。这里已经不再聊"快感"了。

❋

恩斯特·路德维希·克尔希纳在波茨坦广场找到了女人们。他日复一日地在这里的街道上游荡,特别是当黄昏降临时,他找寻女性投来的目光。在这段时间里,人们几乎很难区分这些女性是来自柏林格吕内瓦尔德的俄罗斯妇人,她们打扮得花枝招展,在这里炫耀自己的女儿和财富;还是剧院和杂耍团的女演员;还是身穿那不勒斯或巴黎时髦衣服的年轻贵族女士;还是那些为了金钱而出卖身体的娼妓。分辨她们需要专业人士的眼光,恩斯特·路德维希·克尔希纳就有这种眼光。就像别人闻香水一样,他能嗅到性的味道。他在德累斯顿嗅到了这种味道——在马戏团的年轻女演员身上,当她们对此还一无所知的时候。他也在那些模特身上嗅到了——当他邀请她们去他画室的时候。而此刻他也感知到了,在浓妆艳抹、在时髦的外套和雨伞之下。他为她们提笔作画,感受波茨坦广场上爱欲交汇的脉动。当他的作品展出时,不仅是他(和那些男人),其他正派的女士也被这种伪装的情欲吸引了。能够展示这一点也许是他的艺术真正惊世骇俗的地方。

❋

2月19日清晨6点,天还没亮,一声巨响打破了伦敦南部沃尔顿山往日的宁静。英国财政大臣戴维·劳埃德·乔治新建的乡间别墅里有一枚炸弹爆炸了。没有人受伤,但是引起了一阵骚动。因为炸弹是埃米琳·潘克赫斯特投放的,这位无所畏惧的英国人是妇女选举权运动的斗士。司法部门别无他法,只得判处她三年有期徒刑。

❋

亨利·马蒂斯逃离了巴黎的冬天。这里灰暗阴沉得让人受不了,尤其是像他那样疯狂热爱彩色的人。所以现在马蒂斯坐在丹吉尔的法国别墅大酒店里(这点对家乡的忠诚还是得有的),享受着摩纳哥的遍地阳光,为之疯狂,为之倾倒,意乱神迷。他定的35号房有三扇窗户,其中一扇直接在床边。他支起画架,开始作画,左边是安德鲁教堂的塔楼、西迪布阿比德清真寺的尖塔,建筑的海洋;后面则是湛蓝湛蓝的大海。这幅画他取名为《丹吉尔的窗户》。港口吹来海藻的气息,还有鱼腥味和油的味道。他画街道上的棕榈树、树叶、空气。空气?对,马蒂斯当然会画空气。也许没有人比马蒂斯更擅长画温暖的空气了,连毕加索也比不上。他画物品之间的空间,他画屋顶和海面的空气。在遥远的欧洲,现代主义席卷了他的四周,到处都是在朝着抽象不断匍匐前进的画家,库普卡、蒙德里安、马列维奇、康定斯基,他们所有人都只差最后一步了。但是马蒂斯,这位45岁的聪明男人，他知道抽象主义并不是唯一一条通往现代的道路。除此之外，那些以往的光明大道也同样会通往现代。这正是马蒂斯这些日子在丹吉尔的工作。他用大片的纯色，特别是蓝色和绿色，在画布上构建自己的世界。咖啡馆的人们、棕榈树、街道，都被拆解成形状。他速写本上的人物还叼着烟斗或者穿着特别的鞋子。而在他的画里，一切越来越简略、纯粹、清晰。繁花、茛苕叶、纯色，这些是他在这里——这个非洲顶端的地方见到的。它们会经年累月地出现在他笔下，出现在信纸的边缘、画中的墙纸上。很多年之后，当他没法再跑动，只能拄着拐棍画画、剪纸的时候，是这些摩纳哥岁月里圆润的树叶，以及这种生长和历程给他反哺了当年的生命能量。然后，回忆成为了他唯一的乐趣。

❈

1913 年 2 月，文学界的北极和南极撞到了一起，他们是弗兰茨·卡夫卡和埃尔莎·拉斯克-许勒。其实卡夫卡从来没有口出恶言过，即使想要开口（比如在他父亲面前），也会变成一封百转千回的长信，形式和语言像安全带一样捆住了所有的厌恶。但当他见到埃尔莎·拉斯克-许勒的时候，安全带失灵了，她原始的性能量显得太过于强大，让卡夫卡感受到了自身的压抑。2月12日，卡夫卡写信给情人菲丽丝·鲍尔，幸好他们现在相距甚远，卡夫卡可以把她仅仅当成是信件的接收方，而不必同时把她当成欲望的接收方，他给这位菲丽丝·鲍尔写道："我受不了她的诗，看着在艺术上费了心思，只让我感到空洞和厌恶。"他继续写道："她的文章也有同样的问题，让我讨厌。这是一位古怪的大城市女性，大脑不由自主地抽搐着写出作品。"翻译过来就是："我怕她。"卡夫卡，这位由慈悲的上帝用成千上万的神经末梢将就着拼凑起来的生物，现在仓皇地逃开了，因为他担心自己被她那天马行空的想象力、自由奔放、女性特质吞没。3月24日，他们在柏林约斯蒂咖啡馆遇到了，在场的还有其他的作家。他们一起写了张明信片寄给他们在莱比锡的出版商库尔特·沃尔夫。卡片上写着"非常尊敬的沃尔夫先生"，落款是"您忠诚的F.卡夫卡"。就在这旁边，埃尔莎·拉斯克-许勒画了一幅画，落款是"阿比盖尔·巴西琉斯三世"。光是这个虚构的头衔和名字就让卡夫卡觉得不可思议了。这难道不应该属于文学国度吗？但对埃尔莎·拉斯克-许勒来说，想象的国度和德意志帝国是密不可分的，或者和天堂也是密不可分的。对她来说都是一样的。这对写诗有帮助，生活上这样却是个麻烦。她第二任丈夫赫尔瓦特·瓦尔登是画廊老板和《风暴》杂志的出版商，他对自己生活中的风暴逐渐感到厌烦，最终离开了她。她开始酗酒，居无定所，靠写作来筹集给年幼的儿子上奥登瓦尔德中学的学费。艺术家同行们到处在给她筹钱，连心肠硬的卡尔·克劳斯也发现了自己心软的一面，掏出了钱包。上次在柏林见到卡夫卡的两周后，埃尔莎·拉斯克-许勒恰好出发前往布拉格，在德国女艺术家俱乐部朗读自己的作品。她打扮得很精致：穿着银色的靴子和"卡普里蓝色"丝质的衬衫。当观众们的掌声响起的时候，她还不知道要朗读些什么。她在后台翻着自己的诗集，犹豫不决；然后起身，站到台前。"她像倔强的小男孩一样站在那里，表情奇异有趣，像俄国的虚无主义者脸上的表情"，马里亚·霍尔策在弗兰茨·普芬佛特的柏林杂志《行动》上描述道。然后她开始朗读自己的诗,就像东方的预言家在念咒祈祷一样。观众们盯着她,混杂着谦恭和赞叹,所有人都屏息凝神地听着——学生、文学家、艺术家、埃贡·埃尔温·基尔希以及马克斯·布罗德,布罗德是卡夫卡最信任的挚友。只有卡夫卡缺席了,他太害怕了。埃尔莎·拉斯克-许勒马不停蹄地返回了柏林,带着迷乱以及对遥远国度的梦想,正如在布拉格的朗诵会后她给弗兰茨·马尔克和卡尔·克劳斯的信中说的那样。她在寻找一位和她相匹敌的男性,能够承受一位古怪的大城市女性的大脑出现的不由自主的抽搐,以及她堆积如山的渴望、绝望和要求。她会遇到戈特弗里德·贝恩。他足够饥渴。

❋

若已被众神居住的奥林匹斯山接纳,那还如何在这个可鄙的世间生活呢？最好是暂时搬到甚至连上帝都会嫉妒的地方去,世间这些地方寥寥无几。新晋的诺贝尔奖获得者格哈特·豪普特曼带着中年的妻子和 16 个装得满满的箱子,前往波托菲诺的卡那封的别墅过冬。下方的海浪拍击着岩石,当他早上推开绿色的百叶窗,从书房里望出去,映入眼帘的是无边无际的大海。上方是古老松树的树冠,下面是偌大公园里的龙舌兰和棕榈,只有园丁耙石子路发出声音,引人进入冥想,除此之外什么都没有。他穿上去年买的方济各会修士袍,肚子日渐圆润了起来,他把皮带松了松,开始冥想,发出吟诵的声音。风吹拂他灰白色的头发,他伴随着海浪声享受着,放空的时间越来越长。之后,在沐浴结束并享用第二顿丰盛的早餐后,他坐到了书桌前。

晚上玛丽亚做了蘑菇意大利面和野猪肉配栗子,即使在早上冥想的时候,他有时候也会想到晚饭,这没办法。夜晚,在享用完三道丰盛的菜肴以及一杯格拉巴酒后,豪普特曼沉浸在自己的世界里,在日记本里写道:"我们不要成为别人希望我们成为的样子,而是要跳脱出来,回到我们原本的样子。他们可以将木偶拿起来再扔掉,但休想这样对我。"因为他现在了解了自己是什么,便想要立马告诉德国人他们是什么,并相信最好的表现方式是木偶剧。解放战争百年纪念日庆祝活动将于 5 月 31 日在布雷斯劳举行,他正在为此写一部"德国原始戏剧",一部"拥有德语韵脚的庆祝剧目"。望着地中海海浪卷起的白色泡沫,他潜入德国历史的深渊。他在木偶剧中创作了一个拿破仑的角色,还有克莱斯特,以及若干哭丧女。剧本是由双行押韵诗写就的。2月12日他写完了这部"庆祝剧目",满怀自豪地贴上邮票寄往了布雷斯劳。第二天在楼下的客厅里,他让妻子格蕾特接连朗读了三遍。他坐在宽大的绿色沙发里,享受着,沉默着。这究竟是怎样一种状态呢?刚刚得了诺贝尔奖却表现出云淡风轻的自足?晚上写日记的时候,格哈特·豪普特曼把这种状态称为:注意了,这叫"被动的生产力"。从诺贝尔奖获得者身上人们还真能学到些东西。

❖

即将在布雷斯劳举办的这场百年庆典也激发了其他地方的生产力,例如在德累斯顿男爵夫人古斯特尔·冯·布吕歇尔身上。她计划成立"戒酒妇女之家",地点恰好是在"强力王"奥古斯特二世成立的"无酒不欢协会"的所在地,就在莱比锡计划建造的民族大会战纪念碑旁边。她到底怎么想出这个疯狂的主意,至今是个谜,但是她非常清醒地为了这个目标而努力。在1913这一年,她写信给所有德语区境内君主的宫廷总管(人数众多),请求他们为这个"妇女疗养院建造计划"捐款。普鲁士那方表示支持:尊贵的皇后暨王后殿下于柏林传旨,宣告捐助300马克。但是从符腾堡那里传来了质疑:"尊贵的陛下以为此举初衷固善。"2月12日的信件里写道:"然则认为此计划及其实施不妥。"理由是:"依陛下之见,爱国主义和成立戒酒妇女之家之间并无合理关联。"这种外交辞令,直白地翻译过来就是:"尊敬的古斯特尔·冯·布吕歇尔男爵夫人,您的想法简直荒唐。"

❆

现在要讲的这个故事,是这个不可思议的年份里发生的最不可思议的事情:2月13日,奥托·维特——这位来自柏林潘科,住在沃朗克街54号的小丑、吞火者、走钢丝杂耍艺人、花花公子,在阿尔巴尼亚加冕,成为国王(这是小丑、吞火者、走钢丝杂耍艺人、花花公子奥托·维特自己的说法,至今没有证据反驳)。不过故事还要从头说起。好小子奥托在混乱的巴尔干战争中化名为约瑟夫·若佩,在土耳其军队中闯出了个名头。然后他伪造了两封电报,宣称前苏丹的侄子哈里姆·艾丁王子即将移驾地拉那。他从维也纳的一家戏服店里租了浮夸的东方服饰(尼克·卡夫看到也许会唱:"有一个王国,有一位国王。")。奥托·维特有一头显眼的黑发,外加土耳其式的大络腮胡子,外表和哈里姆·艾丁颇为相似。他身着华丽的服饰,精心打扮后,前去拜访阿尔巴尼亚土耳其军队的最高首领埃萨德·帕夏将军。他当土耳其间谍时弄到了塞尔维亚的行军计划,他对这些细节了如指掌,令人钦佩不已。在阅兵式上,他下达指令时利落明确,让巴尔干人肃然起敬。士兵们坚定地追随他,大臣们想要赶在西方力量私下内定王位之前,以最快的速度让这位所谓王子的哈里姆·艾丁,也就是我们的奥托·维特登上阿尔巴尼亚的王位。因此,埃萨德·帕夏在2月13日黎明宣布奥托·维特成为"阿尔巴尼亚的国王",一些臣民受邀前来观礼,恭顺地欢呼,挥舞彩色的布巾,军乐团演奏起了进行曲。这位刚加冕的国王丝毫不耽搁,立刻动身前往阿尔巴尼亚首都地拉那,那里的宫殿已经为他准备就绪。因为太过匆忙,还没来得及配备好人员,但是阿尔巴尼亚人仍然在一夜之间为国王布置好了宫殿,并召集了十一位如花美人。因为爱情的确是《1913》这本书的主题,所以来自柏林潘科的奥托·维特至少享受了一千零一夜中完整的四夜。但到了第五天黎明时分,一封来自君士坦丁堡的电报抵达了地拉那,真正的王子哈里姆·艾丁勃然大怒,称有个骗子盗用了他的名号成为了国王。还说他会在当天出发,把骗子从王位上赶下去。2月19日,天还没有亮的时候,国王奥托·维特从他的皇宫中逃了出来,把租来的戏服扔到了沟里,这衣服他还没付钱呢,只能偷了农民一件简陋的罩衣。在登基五天后,他用最快的方式抵达了王国的边境线。在都拉斯港,他逃上了一艘奥地利的船,这艘船本来应该把他带到安全的地方——只是本来。因为奥地利的人们听到他讲的故事,把他当成精神病人,送进了精神病院。然而,等之后他移驾地拉那的场景刊登在报纸上时,这位病人即刻被诊断为痊愈并出院了。他要求在他的德国护照上标注上"阿尔巴尼亚前国王"——规矩是要有的。1925年在弗里德里希·艾伯特过世之后,他参加了德意志帝国的总统竞选,但是这次他没有成功。

❀

2月初的里斯本,诗人费尔南多·佩索阿在傍晚回家的路上遇上了一场突如其来的雷雨。在夜色中,他朝着自己在帕苏斯·曼努埃尔路24号的公寓奔去,他住在三楼左边那间。在奔跑的过程中,诗句在脑海中浮现了出来——就是那首《退位》。他脱下淋湿的衣服,坐到书桌前,写道:"我在冰冷的楼梯间留下了马刺,它的声响欺骗着我;还丢下了盔甲,它也毫无价值。我蜕去了我的王国、肉体和灵魂,我回到那个过去的、寂静的夜晚,一如那白昼将尽的风景。"一如那白昼将尽的风景……多么美的诗句啊。

❀

1913年之际,理查德·德梅尔是最知名的德国诗人。托马斯·曼、赫尔曼·黑塞、阿诺德·勋伯格都对他敬仰有加。他发表了新的诗歌《美丽狂野的世界》，这个标题也完美适配1913这个年份。不过他和美丽的妻子伊达的故事我们稍后再讲。先稍等一下。我无论如何都要讲的！

❉

我们现在先把目光转向维也纳，这里是美丽狂野世界的"震中"之一。2月15日，周六晚上，维也纳第九区贝尔格巷19号，西格蒙德·弗洛伊德博士这场讲座的主题是"双性恋/神经症和性欲/梦的解析"，简直应有尽有。弗洛伊德在工作日早上8点到9点，以及下午5点到7点接诊，周三晚和周六晚则召集一群忠实的追随者，深度研究心理学。维也纳最伟大的治疗师和理论家都聚集于此。自1912年末以来，这个声名显赫的男性团体里加入了一位特殊的女性客人：露·安德烈亚斯·莎乐美。在她的石榴裙下曾拜倒过两位名人：一位是尼采，一位是里尔克。两位都为莎乐美的才华洋溢、特立独行而倾倒。现在伟大的弗洛伊德也快要倒下了。比如她在2月15日的发言："本质上禁欲或者堕落是只有男性才可以做到的,女性(其精神即其性别,或反之,其性别即其精神)只有摆脱其性别时,才能做到这一点。"这种特殊的发言让弗洛伊德评价道:"她是精神分析的诗人。"而他自己只会写文章。2月15日,露·安德烈亚斯·莎乐美下午先去看了弗兰克·韦德金德的新剧《潘多拉的魔盒》的彩排,隔壁坐着的是阿图尔·施尼茨勒,晚上则去弗洛伊德那里参加了讲座。晚上,安德烈亚斯·莎乐美激动地在日记里写道:"弗洛伊德谈到了双性恋中可能存在的丰富性,听来让人如沐春风。"看她写的内容!

※

2月,马格努斯·赫希菲尔德在柏林成立了"性学和优生学协会"。作为警察局的鉴定专家,他说服了柏林的刑警,让他们接受同性恋不是"后天习得的恶习",而是"无法根除的"。为了论证自己的观点,他每年都在自己科学严谨的杂志《性别中间地带年鉴》上罗列数千页的数据,来证明在德意志帝国的广大疆域上不仅存在"纯男性"和"纯女性",而且对于双性恋这个中间地带的想象也没有设限。

※

2月17日,"军械库展"在纽约第69兵团的大厅里举办。此刻,现代艺术如同海浪一样排山倒海地抵达美国。年轻的摄影师曼·雷在这一年年末将会说道:"我有六个月什么事情都没有做。我需要这么长的时间来消化看到的东西。"相比之下,伟大的摄影师阿尔弗雷德·斯蒂格里茨,也是《摄影作品》杂志的出版人及先锋画廊"291画廊"的老板,反应更快一些。开幕当晚展出了瓦西里·康定斯基的抽象作品《即兴创作27》,他看了,懂了,买了,花费了1 260美金。

※

菲茨杰拉德没有被哈佛大学录取(他只得去普林斯顿大学)。但是T. S. 艾略特从1913年夏天开始可以在哈佛大学求学了。

瓦斯拉夫·尼金斯基的《牧神午后》让整个欧洲为之倾倒

3月

✻

3月5日,赫尔瓦特·瓦尔登搭乘火车从柏林前往慕尼黑。他是一位精力充沛的商人,额头饱满、声线低沉。身为《风暴》杂志的出版商——众所周知,该杂志已财政紧张,以及埃尔泽·拉斯克-许勒的丈夫,这足够说明他的抗压能力。站台上候着的是瓦西里·康定斯基和他的伴侣加布里埃·穆特,后者也是位画家。同时还有弗兰茨·马尔克以及他的妻子,他们是从附近的辛德尔斯多夫进城的。瓦尔登是现代主义艺术的著名经纪人之一,在他那柏林的小空间里陈列着来自意大利的未来主义作品、蓝骑士、巴黎和维也纳的现代主义艺术家的作品。他对发掘新生事物,以及如何展示它们有非常可靠而敏锐的直觉。这次前往慕尼黑是为了与蓝骑士成员马尔克和马克商量即将在秋天举办的大型展览"第一届德国秋季沙龙展"。这次活动应该成为现代主义的烽火,就像纽约的"军械库展"。两周之后,来自波恩的奥古斯特·马克写信给瓦尔登(也是蓝骑士的成员),称他说服了自己慷慨的叔父伯恩哈德·克勒,后者同时也是现代主义作品的重要收藏家,为展览出资 4 000 马克。信里还说道:"也许您得立刻和阿波利奈尔以及德劳内谈下巴黎艺术家的代理权。我认为,最紧要的是和马蒂斯以及毕加索协商。参与秋季沙龙展的艺术家们不能在卡西勒的画廊里展出作品。最关键的是,我们要立刻把所有的主力都拉到我们这一边。这个由您来负责。"赫尔瓦特·瓦尔登照办了。他把所有人都拉到了自己这一边。而卡西勒——他在柏林最大的竞争对手,将会在这一年的秋天第一次面露颓色,不过现在才是春天。

※

好吧,春天。人们也就是这么称呼这个季节罢了。北方的格陵兰岛冰封大地,终年不化。3 月中旬,室外零下 30 摄氏度,阿尔弗雷德·魏格纳坐在极地探险队的冬季营地里写着东西。这位马堡的物理学、气象学和天文学的讲师在去年 11 月做了有关"大陆漂移理论"的报告,遭到了嘲笑。没有人相信他的说法,没有人认为两亿年前大陆曾经是相连的。这个理论远远超过了当时人们的想象力，当时他们连自己那块大陆的内在联系都搞不清楚。所以魏格纳失望地加入了丹麦科学家约翰·彼得·科赫的探险队。四位男性、十六匹冰岛马、一条狗组队出发，从格陵兰岛的东边横穿到西边，穿越一望无垠、亘古不化的冰面，见识了人们从未见过的风景。但是现在出发还是太冷了，冷得连把头伸出帐篷都够呛，他们要等到 4 月才能继续前进。马在嚼着干草，狗在啃着骨头，阿尔弗雷德·魏格纳和约翰·彼得·科赫在下棋。过了一会儿，魏格纳点上昏暗的油灯，继续写他那篇关于大陆漂移的大作。他知道，总有一天人们会相信他的理论的，就算要再等上两亿年。

❄

马塞尔·普鲁斯特终究没有等太久就找到了愿意接手《追忆似水年华》的出版商。在被拒了三次之后，终于在第四次成功了。3 月 11 日，他与出版商贝尔纳·格拉塞签订了合同——自己还支付了 1 750 法郎的印刷费用，以便这本书可以在 9 月出版面世。听上去还不错。但是不久之后，贝尔纳·格拉塞的噩梦便开始了。他先把校样寄给马塞尔·普鲁斯特修改,等几天后他收到寄回的资料时,这与其说是校样,不如说像个工地。普鲁斯特彻底推翻了原先的稿子,墨水写出来的内容在打印出来的手稿上覆盖了一层、两层、三层,旁边还粘贴了其他校样的章节,在删减内容时也相当不留情面。就连被奉为经典的开篇第一句"在很长一段时期里,我都是早早就躺下了"一开始也被整句删掉了,接着他又后悔了,在原来的地方重新手写了上去,加上了感叹号。不断修改的校样一次次寄来,让出版商逐渐晕头转向。书越来越厚,新的印刷错误层出不穷,新的人物出现,而之前的人物则消失了。保险起见,格拉塞写信给印刷厂,通知他们做好1914年出版这本书的准备,今年是不可能完成所有的工作了。这一年的春天,爱德华·冯·凯泽林饱受梅毒折磨,他追忆往昔,轻声叹息:"要是有校样——是'校样'这个词对吧?要是人生也有校样就好了……"

※

这么妙的句子怕是连我们的朋友赖纳·马利

亚·里尔克也写不出来。1913年3月25日,他坐在巴黎康帕涅大街自己的书桌前。虽然他现在没有感冒,但是仍然感觉不舒服。他可以说是在不间断地书写自己人生的校样。他中途抬了一下头,看了看小镜子,看到了新冒出来的胡子,然后想起来剃须膏马上要用完了。于是,他提笔写了封信给他在慕尼黑国宾广场的顶级理发师洪泽尔:"您要是能立刻再给我寄一罐'维奥莱特慕斯'剃须膏就再好不过了。这个我用得很习惯。"可能正是在这几天,相隔着几条街的马塞尔·普鲁斯特在继续修改《追忆似水年华》的校样时,写下了这样一句精彩的句子:人们有时候,如果感到忧郁,"总是可以任由自己被习惯揽入怀中"。

※

奥斯卡·柯克西卡和阿尔玛·马勒,他们可能是这一年度最疯狂的爱人,于1913年3月20日在维也纳登上了火车,途经博尔扎诺和维罗纳前往意大利。

西格蒙德·弗洛伊德和安娜·弗洛伊德,他们可能是这一年度最安静的家人,于1913年3月21日在维也纳登上了火车,途经博尔扎诺和维罗纳前往意大利。

理查德·施特劳斯和胡戈·冯·霍夫曼斯塔尔,他们是这一年度最不同寻常的艺术家组合,于1913年3月30日在维也纳登上了火车,途经博尔扎诺和维罗纳前往意大利。

也就是说,世界精神踏上了旅途。维也纳得先休息一阵子了,人们这么想着。

❉

不过,世界精神在3月31日暂时回到了维也纳音乐协会的金色大厅里,虽然柯克西卡和马勒、弗洛伊德父女、施特劳斯和霍夫曼斯塔尔没有在场。阿诺德·勋伯格担任指挥,或者我们这么说:他尝试指挥。节目单上有一首他自己的室内交响乐,还有马勒以及他的学生阿尔班·贝尔格和安东·冯·韦伯恩的作品。观众们炸开了。这么多的现代性震耳欲聋:叫喊声、怒骂声、口哨声、嘘声。最后,伟大的勋伯格被一位不知名的轻歌剧作曲家打了一耳光。第二天报纸上的报道就用了"耳光音乐会"这个说法。这意思基本上是新的音乐战胜了之前的审美？绝非如此。"如今的观众和批评家们完全失去了理智，无论在哪个方面，他们都没法设立自己的标准，"勋伯格抱怨道，"现在人们连从失败中找回自信这件事情也做不到了。"勋伯格这位极端的现代派教导我们，以前的一切都比现在更好。

1913

春天

天气总算暖和起来了。但最帅气的飞行员不幸坠亡,最美丽的女飞行员犯了错。您知道特吕弗的《朱尔与吉姆》这个故事发生在什么时候吗?当然是1913年春天,在巴黎,栗树开花的时候。《春之祭》真的写完了,人们为此庆祝,但伟大的伊戈尔·斯特拉文斯基立刻就病倒了,他的妈妈前来探望。伟大的女革命家罗莎·卢森堡穿过开满花的草坪,采了一朵金凤花,干燥处理后制成了永恒的标本,可以说是一件《春天的祭品》。那里尔克呢?你们猜对了:他又感冒了,这次是在巴特里波尔茨奥。

埃贡·席勒自画像,画家亲眼所见,生活亲手所绘

4
月

❄

4月1日,不是开玩笑,弗兰茨·卡夫卡决定下午去布拉格郊区种植球茎甘蓝的农夫德沃斯基那里除草——为了自我疗愈。他想要靠刨土让自己稍微能忍受些头脑中的沟壕战,用他自己的话说,他想要治愈"他的神经衰弱"。神经衰弱,这是1913年的魔咒,指的是介于注意缺陷与多动障碍和耗竭之间的某种状态。这个概念没有明确定义,用来形容任何身心不适和神经症状带来的痛苦再合适不过了。不仅仅是卡夫卡和里尔克给自己下了这个诊断,还有罗伯特·穆齐尔和埃贡·席勒,当然还包括这一年所有在受苦的伟大女性,都认为自己得了神经衰弱。这种新的疾病在1913年获得了两个最重要的认证——它被收录在了十一卷的权威著作《心理疾病的特殊病理学和治疗》;《痴儿西木传》这部经典的当代讽刺小说里,这个疾病也被写入诗句中,永垂不朽:"莫着急,莫休息,否则神经衰弱找上你。"

神经衰弱患者卡夫卡在菜地里给传奇的德沃斯

基家的球茎甘蓝翻地(卡夫卡拿着铁铲,这真是超现实的画面),他自豪地写信给柏林的爱人菲丽丝·鲍尔,告诉她自己在飘着小雨的天气里,真的只穿着衬衫在泥地里劳作。这时候,菲丽丝·鲍尔在美因河畔的法兰克福的办公文具展上结识了未来的闺蜜格蕾特·布洛赫。同一年晚些时候,当卡夫卡早就不去农夫那里干活,并且他觉得菲丽丝和自己似乎太过亲近时,他写给格蕾特的信几乎比给菲丽丝的还要亲密,他向格蕾特抱怨自己的柏林未婚妻一口烂牙,幻想着一场三个人的爱情。他的日记本里曾经记录过"和'布小姐'有关的梦"。格蕾特把这些奇怪的信给菲丽丝看了,后者解除了和卡夫卡的婚约。这变成了"和'卡先生'有关的噩梦"。九个月后,格蕾特·布洛赫未婚先孕,生了个儿子。卡夫卡在布拉格的挚友马克斯·布罗德认为孩子的父亲有可能是卡夫卡。直到今天大家都不相信他的说法。当卡夫卡最后一次见到菲丽丝时,他人生中第一次号啕大哭。马克斯·布罗德也是这么认为的。而这次,大家都相信他的说法。

❋

4月1日,这次也不是开玩笑,马塞尔·杜尚收起了画笔,开始去圣热讷维耶沃图书馆当管理员。外面阳光和煦,塞纳河畔的梧桐抽出了新枝芽,杜尚却坐在昏暗的写字桌旁,如果没人来借书,他会花上几个小时阅读新近最爱的哲学家皮浪的作品,后者是亚历山大大帝的宫廷思想家。当然,也是古代怀疑论学派的开创者。近代早期以来,皮浪的名字经常被当作自我怀疑的近义词。而近代晚期以来,马塞尔·杜尚的名字经常会被当作自我怀疑的近义词。

❋

4月5日,在哥本哈根的尼尔斯·玻尔朝信箱走去。他把《论原子和分子的结构》这篇文章寄给了英国的《哲学杂志与科学期刊》,下一期就会刊登这篇文章了。这篇文章是现代主义的起源神话之一。"玻尔原子模型"从根本上改变了人们对微观世界的看法,他利用独特的描述让不可见的事物变得可以理解。他发问,原子是如何创造我们周围物质的？以及原子如何保持其稳定性？和马塞尔·普鲁斯特差不多同期,尼尔斯·玻尔也把世界分解成了最小的组成部分,正是通过这样的方式,他和普鲁斯特一样对物质的稳定性做出了自己的解释,但他是从自然科学的角度。同时我们也可以从哲学的角度解释:他揭示了人们首先得发现原子,才能够理解原子。在长达数年的试验中,玻尔发现了连自己都很惊愕的现象:原子明显应有的形态不符合已知的物理定律。所以他得出一个大胆的结论:我们要修正物理定律。玻尔意识到,原子不能释放能量,只能接收能量,以此来达到活跃状态。而重新返回原始状态只能通过量子跳跃实现。在这个活跃状态中,1913年4月5日,原子时代开启了。

※

4月5日,埃里克·萨蒂的作品《真正的松弛前奏曲(为一条狗而作)》进行了首演。为了让所有人都做出正确的回应,这位作曲家在同一天发布了《音乐会指引》,给观众们提供了欣赏指南:"在新作品中,我完全沉浸在幻想的甜蜜喜悦里。所有对此没有理解意愿的观众,我恳请您在肃穆中面对钢琴发出的声响。请您臣服于这种音乐,这才是您正确的姿态。"这位先锋主义者请求观众们不要捣乱,不要重演两周前阿诺德·勋伯格音乐会上的场景。

❋

4月6日,露·安德烈亚斯·莎乐美最后一次干扰西格蒙德·弗洛伊德在维也纳的讲座。怎么说呢,与其说是干扰,不如说是为其增光。道别的时候,弗洛伊德给她送了一束新鲜的玫瑰。这群中年男士无不为这位前来旁听的聪明绝顶的女士着迷。而露·安德烈亚斯·莎乐美知道,在维也纳与弗洛伊德相会的这段时间是她人生的转折点,她晚上在日记里这么写道。今年夏天,她就会在柏林的精神分析大会上做一个大型演讲,接着不久在哥廷根成立自己的诊所。但是在夏天快结束的时候,她还不知道(但我们知道),里尔克将会再次出现在她家门口。当然,她在给里尔克的信里也说了很多意味深长的话,说他的拖鞋还一直在她房子的过道里,等候他亲自穿上。这可不是弗洛伊德式的口误,而确实是弗洛伊德式的承诺。里尔克,我们伟大的耙耳朵①,相当迅速地明白了自己的处境。

❋

我们现在把目光转向巴黎的可可·香奈儿。她正在和博伊·卡佩尔同居,他来自英国,举止有方,事业有成,香奈儿热烈真挚地爱着他。一天,她和爱人解释自己想要制作帽子,并且是那种可以方便戴出去的帽子,而不是阔边帽,就像有时候他带她去看赛马时看到的那样。可可·香奈儿在康朋街二楼租下两间房子,门上写着"香奈儿时尚"。博伊·卡佩尔这位贴心的男友在劳埃德银行给她做了担保。没想到帽子大卖,一年后可可·香奈儿就解除了担保。博伊·卡佩尔捻着自己的小胡子,不无忧郁地说道:"我以为是送了你个玩具,却同时把自由送给了你。"1913年6月可可·香奈儿就开了第一家专卖店,坐落在时髦的海滨度假胜地杜维埃。

---

① 德语原词是 Pantoffelheld,由拖鞋和英雄两个词组成,意思是惧内的人,文中译为"耙耳朵"。——本书注释皆为译注

一开始女性顾客只是来逛一逛,八卦一下。但随后第一位顾客买了件简约的平针织面料连衣裙和一顶简约的帽子——她很是中意这种轻巧和简单的风格。当其他女性在街上看到这种舒适优雅的新风格时,她们惊讶又羡慕,隔天早上就按响了店铺门铃。等到夏天结束的时候,精品店里已经无货可卖了。可可·香奈儿说道:"我把自由还给了女性的身体。"

1913年,在出版第86版德国贵族目录时,哥达编辑部觉得有必要对订阅者做出紧急声明:"我们必须再次强调,有些家谱资料(结婚或者出生信息,特别是离婚信息)虽然让一些家族或者个人觉得不合适,但我们无法隐瞒。"有些时候,正是这些括号里的内容隐藏着精神史最大的转变。

在这一年年初,阿诺德·冯·施特伦格男爵向贾科莫·普契尼下了战书,遭到了对方轻蔑的拒绝,现在他转而拿起了现代武器。4月9日,慕尼黑地方法庭正式下了离婚判决,理由是"女方过失"。没有人提出抗议,连提到的当事人也没有。约瑟菲娜·冯·施特伦格是1912年迷上普契尼的,她比这位作曲家小三十岁。普契尼引诱她的时候,她才结婚五年,并且是两个女儿的母亲。而普契尼现在是臭名昭著的花花公子,有无数风流韵事,另外还有位脾气总是十分暴躁的情人埃尔韦拉。她用错误的指控把女仆曼多里娅·弗雷迪——这可能是唯一一位在普契尼周围但是和他没有丝毫关系的女性——逼上了绝路。

但是这并没有让普契尼收敛,他狂热地爱上了约瑟菲娜·冯·施特伦格。他和她一起去拜罗伊特、卡尔斯巴德、维亚雷焦,多么经典的爱情之旅,只是两位旅客的关系不是经典模式。但当约瑟菲娜总算离婚了(对普契尼来说这种事情是多余的),他即刻去找她,不久之后便把她介绍给了自己的朋友加布里埃尔·邓南遮。他想要在维亚雷焦为她建一栋房子,却移情别恋了,约瑟菲娜陷入了不幸中,十三年后在维亚雷焦离开了人世。可惜她的女儿遵照母亲的遗愿,把所有普契尼写给她的信都销毁了。这场不同寻常的爱情遗留下来的证据只有普契尼送给她的那艘出海远洋的游艇,它有个美丽的名字叫巧巧桑①,以及安装在甲板上的钢琴。这是普契尼献给她的。这些保存下来的证物见证了这场不同寻常的爱情。

❈

伊斯兰属于德国。1913年,"穆斯林"这个品牌下名为"问题香烟"的产品勇夺德国销量冠军。(是的,这是真的,你们可以相信我。)

❈

4月11日,阿尔弗雷德·凯尔在《潘》杂志上发文,嘲讽托马斯·曼的哥哥海因里希和他妻子的祖母写书评称赞《威尼斯之死》这件事。凯尔在文章里虚构了一个托马斯·曼的角色,他人谈特谈"亲戚们写书评"的好处,并对《威尼斯之死》的主旨做了如下总结:"至少这本书让受过教育的中产阶级可以接受鸡奸这件事了。"

---

① 巧巧桑(cio cio san)是普契尼的作品《蝴蝶夫人》里的角色,来自日语,意为蝴蝶。

在这几天,阿尔弗雷德·凯尔也带着满腔讽刺和愤怒创作了《托马斯·布登布鲁赫》①,这是一篇虚构的托马斯·曼自传,里面有两行诗:"总是骄傲地高谈阔论/祖辈的落魄。我不作诗——我含糊其词/我不做梦——我拼命用功。"

❋

巴黎,1913年4月。当下的时髦多得几乎要从哈利·格拉夫·凯斯勒的日记里溢出来。午夜时分,他总是在拉鲁饭店里享受大餐,同行的有米西亚·塞尔特,她曾是印象派艺术家的优秀模特,现在是现代主义的支持者;还有佳吉列夫、他的爱人尼金斯基和半个俄罗斯芭蕾舞团;还有让·谷克多和安德烈·纪德;以及凯斯勒有时在三次写信拒绝,但又两次写信半推半就之后,会与其共进晚餐的马塞尔·普鲁斯特。凯斯勒几乎被巴黎这股闪耀的能量彻底吸纳进去了,把之前计划的要写关于里夏德·德默尔的文章这件事抛到脑后。他在给妹妹的信中写道:"我每天从早上11点到夜里3点

---

① 发音类似托马斯·曼的《布登勃洛克一家》。

都没得消停。我无法用有条理的文字向你描述这些日子。"面对充实的生活,凯斯勒完全应接不暇,写不出任何有条理的文章,他就专心写日记,这对我们是件好事。

❋

4月12日,德拉克洛瓦的巨幅狮子画像《撕咬马的母狮》运抵了狮子的巢穴:尤利乌斯·迈尔-格雷费在柏林尼古拉湖旁边的别墅。除了哈利·格拉夫·凯斯勒,恐怕也只有这个男人才会不遗余力地试图将对法国艺术、法式生活的兴趣和乐趣灌输给德国人,也包括世仇法国人对生活的感受。"我们应该庆幸有这些法国人在",这是迈尔-格雷费每天给质疑他的人传达的信息。吼得棒,狮子!但是这会有用吗?

❋

在布鲁诺·卡西勒的画廊里展出的是来自伍珀塔尔-巴尔门的戈特利布·弗里德里希·雷伯的私人收藏,这场非同寻常的展览是法国境外最重要的法国艺术收藏之一,包括大概十二幅保罗·塞尚的油画,还有马奈、雷诺阿、库尔贝、德加、柯罗和杜米埃的大作,这些现在应该价值五亿了。著名的批评家马克斯·奥斯本在《柏林午报》里言简意赅地点评:"老实说,我觉得这过于离谱了,一位德国的收藏家耗费可观的资金收藏一批作品,里面却几乎没有德国的画作。我对这种肆无忌惮的行为表示强烈的抗议。"对此,弗里茨·施塔尔在《柏林日报》中回应:"雷伯先生身为德国人,他的藏品中却几乎没有新近德国画家的作品,这件事引起了广泛关注,即使这样我也不想因此指责雷伯先生。倘若最后发现这不是个人行为,而是'新'收藏家的典型做法,那就不应该只是抱怨,而是必须得严厉谴责。"读着这些评价,人们惊讶地发现,加足马力扩充装备这件事在1913年初不仅仅局限在军事方面。

❋

奥古斯特·倍倍尔,这位社会民主党的重要人物,号召在柏林和巴黎的党内好友在降临节假期前往中立的伯尔尼参加"德法谅解会议"。他在那里发表了最后一次大型演讲,再一次恳切呼吁:"各国会一直扩充军备,直到某天有一方说道:宁可恐吓一次,也好过无休止的恐吓。届时灾难便会降临。到时欧洲将会有一场浩大的行军,1 600万到1 800万男性,他们是来自不同国家的青壮年,配备最精良的谋杀工具,互成仇敌,奔赴战场。"

❋

一位法国年轻人和一位德国年轻人在初春的日子里沿着塞纳河散步。他们走进一家咖啡店,选了朝外面阳光的位置坐下,先喝了一杯桃红葡萄酒,然后喝了一杯又一杯。他们分享一切,甚至包括他们的女友们,比如巴黎的女画家玛丽·洛朗森、奔放的慕尼黑女伯爵弗兰齐斯卡·冯·雷文特洛,当然也一定会分享他们的经历。但是这次,这位柏林的年轻人弗兰茨·黑塞尔请他这位巴黎的朋友亨利-皮埃尔·罗谢不要染指自己的新女友。这次情况不一样。这么说吧,这次是爱情或者类似的东西,这位海伦·格伦德,柏林的女画家,他想要和她结婚。"你明白了吗?""知道了,知道了。"亨利-皮埃尔·罗谢说道,点了根烟,吐出精致的烟圈,只有他这些小烟圈才像纯粹的洛可可艺术。几天之后,阳光灿烂,他们两位和另外一位共同的朋友坦卡玛·冯·明希豪森在蒙帕尔纳斯举办了告别单身的派对。当然,若干年之后,亨利-皮埃尔·罗谢和坦卡玛·冯·明希豪森都先后与弗兰茨·黑塞尔的妻子有了段风流故事。

❋

刚刚天还是蓝的。但是现在云飘来了,从远处飘来的。先是在海平线那边出现了一小片,然后越来越近,越来越多,从人们的头顶飘过。有朵云停了下来,不动了。人们抬头看向天空。一开始是好奇,然后不安。起初云是白色的,现在越来越灰暗了,云也不再飘动。聚集的人越来越多,仰头看着隐隐露着威胁之意、静止不动的云。然后马丁·勃兰登堡来了,他是托马斯·曼唯一喜爱的画家,他画下了这朵云,以及云朵下方的人。"云给所有人制造的压力都是一样的,人们因为各自性情不同,反应各异:有人单纯地沉默,有人无动于衷,有人抱怨,有人抗拒。"他之后在《艺术和艺术家》杂志里这么写道。勃兰登堡把这幅特殊的画取名为《云下的人群》。当他抬头看去,那朵云已经消散在风中了。

※

柏林的敦达古鲁古生物探险队在德属东非发现了世界上最大的恐龙骨架——一具高达近12米,长达23米的布氏长颈巨龙,它以柏林博物馆馆长威廉·冯·布兰卡的名字命名。布氏死于1.5亿年前。当然,这里说的是那头恐龙,不是布兰卡教授,他在1913年日子过得还非常滋润。布氏长颈巨龙是素食主义者,每天大概要吃掉1吨植物,所以进化出了超级长的脖子,可以直接伸到树冠里觅食。在这具恐龙遗骸被挖掘出来后,非洲的挖掘工们背着数千块化石,在烈日下步行60公里,几天后抵达了林迪港岸边。这可真是重体力活。接着,这些化石被装运上船,在达累斯萨拉姆港中转后被运到汉堡,然后又被火车送到了柏林。在柏林自然博物馆里,人们得把这些化石像拼巨幅拼图一样重新拼凑起来。这项工作1937年才完工。但是对已经死亡了1.5亿年的动物来说,24年又算什么呢?柏林的博物馆一向都认为匆忙赶工是有失尊重的。

❄

纪尧姆·阿波利奈尔于4月在巴黎出版了诗集《醇酒集》。他从头到尾都弃用了标点,但是没有放弃表达感觉和挑衅。批评家们吵翻了天,阿波利奈尔反驳了回去。受到攻击的批评家们下了战书,要求决斗,因为他们认为自己的荣誉受到了损害。但是阿波利奈尔没有空,他得写诗。

❄

4月初,瓦西里·康定斯基的妈妈来访。自从她那英俊自信的儿子走上抽象的道路,她就没放心过。她确定,这件事和那位新妻子脱不了干系。所以她从敖德萨出发前往慕尼黑,来看看是否一切都安好。在火车站接到她之后,康定斯基、明特和妈妈莉迪娅立马前往穆尔瑙,他们在山里的梦幻小屋就在那里。母亲坐在外面的椅子上,康定斯基穿着皮裤和马甲挥舞着铁铲给花园松土。他在种向日葵,至少太阳会展露笑颜。4月的这些日子留下了照片,照片里康定斯基像蜡烛一样笔挺地立在母亲身边,她穿着黑色的裙子,坐在椅子上,神色郁闷,不知道她是一直都这样看人,还是因为她看着的摄影师是加布里埃·明特,也就是她那宝贝儿子的爱人。当他们回到慕尼黑的时候,立刻又在4月12日拍了照:康定斯基留着胡子,神色严肃,身后是摆在架子上的小摆件和挂钟。然后是康定斯基掌镜给明特拍照,她总是闷闷不乐的样子,像连绵一周的阴雨。她站在一个架子旁,上面摆着一朵绢花和一个俗气的陶瓷盘子,墙是深色的,挂满了十字架和民俗工艺品。这是他们在艾米勒街36号的住所,逼仄、(几乎可以说是)庸俗、昏暗——正是在这里,在这样的室内布置下,出现了抽象艺术最亮的晨曦。这些照片也拍到了坐着的母亲,她还是身着黑衣,还是眼神严肃、表情严厉地打量着对方,用俄语嘟囔道:"我在这里做什么?"然后,这位母亲除了会一会康定斯基的爱人,还坚持要去见他的前妻安娜。所以他们三位穿过几条街去安娜那里,她同时也是瓦西里的表妹(他和安娜1904年离了婚)。讽刺的是,在那里拍照的也还是加布里勒·明特:现在所有人的眼神看上去都闷闷不乐、心烦意乱——妈妈(也是阿姨)和儿子都是。只有在中间的安娜,她摸着自己的领子,几乎是窃笑地看着这个在自己起居室里发生的非现实的一幕,她显然是因为摆脱了这种母子关系而面露轻松之色,看向闷闷不乐的摄影师的眼神也不是真的嫉妒。康定斯基有点不知所措,紧张地摸着他的胡子。"咔嚓"一声按下快门。

❇

自从妻子阿达和油腻的司机切萨雷·罗马蒂私奔之后,恩里科·卡鲁索这位世纪金嗓子变得非常胖。去年秋天在米兰的离婚官司对卡鲁索来说简直可怕,全世界的媒体都在报道各种证人的证词。这四天里,关于卡鲁索婚姻生活的谣言漫天飞舞。阿达坚称,她是为了保护卡鲁索才不得不引诱这位司机,因为此人是黑手党派来谋杀卡鲁索的。只有和他热恋才能阻止这场谋杀。这种天方夜谭的说辞连意大利的法官都不相信。阿达和司机因为诽谤、提供假证和操纵证人被判处一年有期徒刑。

接着,卡鲁索把自己的胡髭剃了,每天都享用好几顿大餐，陷入了漫天的绯闻中。比如和那位如朝露般年轻的埃尔莎·加内利，一位米兰的售货员——西格蒙德·弗洛伊德如果了解这段应该会感到开心——她是卡鲁索恰好在买领带的时候认识的。卡鲁索带着她去柏林的巡回音乐会，带她入住豪华的布里斯托酒店。某一天晚上，在一场成功的歌剧表演之后，卡鲁索喝多了，和她订了婚。两天后在不莱梅登台演出时，他惊慌失措地发了封电报给她："不可能结婚。不停的巡演迫使我不得不解除婚约，让我们把这些突发事件通通忘掉吧。"啧，他倒是想这样，可是当然不行。埃尔莎·加内利也把他拽上了法庭，要求赔偿她的心碎。那卡鲁索呢？他付了钱，他烦不了了。然后，所有人还偏是想要听他来唱卡尼奥！这是莱翁卡瓦洛创作的一个被抛弃的老情人角色。卡鲁索倔强地对《纽约时报》的记者说道："我最爱的角色可不是这个。"

他在纽约演出的那几周体重不断攀升。他去意大利佩佐餐厅的频率稍稍高了些，不仅仅是因为那里的提拉米苏，也是因为沉迷于厨师和服务生哼唱的意大利小调。卡鲁索作为真正的那不勒斯人当然是个极致的浪漫主义者。这几个月他疯狂地举行全球演出,唯恐会失去他的嗓音——尽管如此,他还是几乎每天都把嗓子用到新的极限。他从纽约巡演到伦敦,观众们为他在《阿依达》《托斯卡》《波希米亚人》中唱的咏叹调欢呼。英国人一直想要解开这个奥秘,所以他们的科学家威廉·劳埃德给他做了非常仔细全面的检查。他想要揭开卡鲁索声音的秘密。谜底是:和常人相比,他的骨头更容易颤动,牙齿和声带之间的距离也特别大。1913年12月23日,他在费城的演出就向大家展示了这种生理构造带来的可能性。在表演歌剧《波希米亚人》时,他的搭档男低音安德烈斯·德塞古罗拉由于感冒失声了,这时卡鲁索在第四幕中临时顶替,男高音歌手唱了男低音。然而观众们没有发觉,反而掌声雷动。也许在这个晚上,他牙齿和声带之间的距离又拉开了一点。

❋

4月14日,1913年最丧心病狂的人在美因河畔的法兰克福被捕了:卡尔·霍普夫。他连续几个月在妻子瓦莉的饮料里投放了砷,并且在她衣服上涂了致死的毒药。这样当她蜷缩在婚床上汗如雨下的时候，他就可以充满奉献精神地照顾她，给她擦汗。但是瓦莉活下来了，却是唯一一位。在那之前，卡尔·霍普夫用同样的方式让他的父母、孩子和前妻们都从这个世界上消失了。但没有人对他起过一丝疑心。因为卡尔·霍普夫颇有名望，他拥有一家饲料公司，繁育圣伯纳犬，擅长杂耍和击剑。同时他也是一位科学家。因为总是有圣伯纳幼犬死亡，他在实验室里发明出了治疗犬瘟的方法。他在信纸上印了"霍普夫细菌实验室"的名头，听上去很正式。接着，一家维也纳的机构给他寄了具有高度传染性的霍乱和伤寒病菌。霍普夫甚至有一次跟发件方抱怨"人体效果非常不佳"，但是没有人起疑心。机构的员工看到的词不是"人体"，而是"豚鼠"。当他的第二任妻子和第三个孩子突然死亡时，人们才起了疑心。但是这位有名望的市民霍普夫能打消一切怀疑，威斯巴登的检察院因此终止了调查程序。霍普夫把他收藏的狗头骨都捐给了法兰克福森根堡博物馆，馆方为他举办了一场庆祝仪式以示尊敬。

接下来，霍普夫全身心投入到击剑事业中（这时，所有狗都死了,妻子和孩子们也不在了,他又有时间了)。但是这并不是个好生意,他破产了。于是,他母亲不久之后便过世了,并给他留下了一大笔遗产,这相当顺理成章。1912年霍普夫第三次结婚,这次是和瓦莉·谢维奇,一位奥地利人。她很快也病倒了。连女仆、清洁工和护士都突然抽搐,缠绵病榻。看到霍普夫照顾所有女性的样子,看到他如此无私地奉献着,家庭医生被感动了。但是之后连医生也病倒了,来了一位替班的医生,他看出瓦莉的中毒症状并立刻把她送到了医院。当然,善良的恶魔霍普夫每天都给她送花——之后法医在每一朵花上都检测出了伤寒病菌。但是瓦莉也挺过了这些毒计。当霍普夫第二任妻子的律师听说现任妻子如今也中毒躺在了医院里,他便报警了。4月14日,警察在家拘捕了霍普夫。他们在毒剂室里把他抓了个正着——不久之后,人们把他父亲、母亲、前两任妻子以及所有孩子的尸体重新挖掘了出来。法医检测出了大量的砷。卡尔·霍普夫被判处死刑,因为他是杀人犯。在行刑那天他把牧师骂走了,并且抱怨"断头饭"不够热。法兰克福普罗格斯海姆监狱,断头台上铡刀落下——"喀嚓"。

✺

1913年4月13日,赖纳·马利亚·里尔克在巴黎康帕涅大街伏案写作。当然,他今天也不太舒服。他看着小镜子里的自己,端详了很久很久。他惊骇于深藏在自己眼睛里的那些深不可测之物。然后他拿起钢笔,蘸了蘸墨水,写完了《纳西瑟斯》的最后几行。"因为,我在自己的目光里消失:进而我在想,我是可以致命的。"

✺

第二天,德国救生协会在柏林成立,简称DLRG。

✺

然而,1913年4月19日发生了一起可怕的事故:伊莎多拉·邓肯这位当代最著名的舞蹈家想要在躺椅上休息 下(至少人们设想的场景是这样的)。于是,她让保姆带着孩子们去公园里玩耍。大家都得穿上外套,就算他们发牢骚,妈妈也不想让他们冻着。左边亲一个,右边亲一个,说着:"再见,待会儿见!"然后他们出发了。司机请他们上车,但是发动机有点问题,于是司机下车准备去检查一番。但是他忘记拉手刹了。车滑了出去,撞断了塞纳河边的护栏,栽进了河里。快要三岁的帕特里克——他是邓肯和美国缝纫机企业继承人帕里斯·辛格的孩子,六岁的戴尔德——她是伊莎多拉和爱德华·戈登·克雷格的女儿,都没有救回来。这一天,伊莎多拉·邓肯的生活永远堕入了泪水中。

❈

阿尔玛·马勒和奥斯卡·柯克西卡逃离了维也纳,现在来到了那不勒斯。这是唯一一个能与他们之间的关系相匹配的城市:活力满溢、性感、混乱,在合法的边缘。某一天他们登上了一艘船,乘坐轮渡前往卡普里——他们的渴望之岛。他们去蓝洞,去马克西姆·高尔基那里,去拜访疯狂的迪芬巴赫和他的后宫所在地。他们搬进了莫纳科诺别墅,这栋别墅不同寻常,一直以来都是幻想主义者和革命家的下榻之地,他们住在这里正合适。他们彼此相爱,他们漫步岛屿,采摘柠檬,在草地上躺下,海鸥在他们上方盘旋。笨手笨脚的家伙柯克西卡在港口的小酒馆里吃饭，因为只有那里的分量才够他吃。当红日沉入海中，阿尔玛半裸着在小道上跳舞。晚上，当阿尔玛进入梦乡时，奥斯卡在房间的浅色墙壁上作画，疯狂的想象、美好的梦境、大胆的色彩，这是为她准备的惊喜。当阿尔玛早上身着轻便睡衣，和赤裸且自豪的奥斯卡一起欣赏他昨夜的作品时，她总是很开心。但是这场"南方之梦"总得醒来，他们得回到维也纳的疯狂中。而在这对来自奥地利的奇怪伴侣离开后，渔夫奇罗·斯帕达罗，也就是房子的主人，把所有的壁画都铲掉了，并重新刷上了白色。奇罗·斯帕达罗不是特别吃表现主义这一套。不过，数十年后，奇罗·斯帕达罗的儿子安东尼奥成为了托马斯·曼的女儿莫尼卡的恋人，而她当时住的莫纳科诺别墅刷了白墙。

❈

维默比的奈斯庄园，五岁的阿斯特丽德·林格伦在父母家后面的花园里玩耍。她日后回忆道："在那儿当个孩子真好，温暖又自由。"

❖

玛塔·哈里这位传奇的舞蹈家和情妇加入了德国特工部门,成为一名间谍。她即使在一丝不挂的时候还顶着 H21 这个让人摸不着头脑、毫无性感可言的代号。1913 年 4 月,她出发前往柏林。她在巴黎的那些辉煌时刻已经是历史了,此时她正热切地寻求着新任务或者新情人。她看到王储在菩提树下大街穿行而过,便疯狂地迷恋上了他。她给他写了正式的书信,请求"高贵的殿下"允许她在柏林的王宫为他献上爪哇的街头舞蹈和印度神庙舞蹈。洪堡论坛差点就能在此刻诞生了:世界上不同的文化差一点就可以在 1913 年戏剧般地相遇了!但是玛塔·哈里的请求遭到了拒绝,她又带着未完成的任务重新动身了。

❖

"不,这样不行,"伊戈尔·斯特拉文斯基说道,戴着厚厚镜片的他眨着眼睛。"是什么不行?"加布里埃尔·阿斯特鲁问。他在满心自豪地展示香榭丽舍剧院才刚刚完工的那栋富丽堂皇的新建筑。斯特拉文斯基用发胶梳了个大背头,他用手指又梳理了下,抱怨道:"乐池太小了,如果您不扩大的话,《春之祭》的首演没法在这里举行,我需要能容纳84位乐手的地方。"阿斯特鲁短暂地抗议了下,喘着粗气,说这个建筑是用钢筋水泥建成的,这几天才刚完工,空间足够供80个乐手使用。但是斯特拉文斯基不感兴趣。他需要能容纳84位乐手的地方。就在同一天,工人们又被召了回来,他们用气锤和气焊嘴化不可能为可能,将一个狭小的乐池扩大到足够容纳84位乐手。震耳欲聋的噪声在巨大的观众厅里回响。离5月29日计划好的首映还有四周,斯特拉文斯基和阿斯特鲁已经精疲力尽了。

❋

4月20日,阿尔弗雷德·魏格纳参加的格陵兰岛探险队离开了斯托斯特罗门冰川上的营地,启程横穿格陵兰岛。暴风雪还在呼啸着,但四位研究者已经把整个实验室和所有的口粮都装在了仅存的五匹冰岛马上,还是出发了(其他十一匹有些跑丢了,有些在越冬的时候被杀了)。一只狗围着探险队狂叫,探险队艰难地穿越冰川,朝着西方前进,走了1 200千米。5月7日,他们抵达了冰层的最外圈。晚上在帐篷里,大家既冷又累又乏,但是阿尔弗雷德·魏格纳这位伟大的极地科学家,激动地化身为伟大的诗人:"我们一行人,踏入的是辽阔圣洁的荒漠,是地球上最纯粹、最死寂的荒漠。"他在日记里写道,"白色的冰面在我们面前展开,像海一样辽阔,几乎触及天空。风在雪面的刻痕排列得像海上的波涛,绵延无尽。灵活的长雪橇在上面舞蹈,犹如帆船在浪涛上迅速起伏。只有蓝天和白雪,而其他的景色,比如云彩,这里的自然似乎无法承受了。"

这里的自然似乎只顾得上忙着让这支奇特的探险队穿越最神圣的领域。掌管雪的神灵显然不是这样打算的。5月21日,凌晨的时候温度计显示零下31摄氏度;到了14点,太阳在最高处,则显示零下20摄氏度。冰是永恒不化的。像魏格纳抱怨的那样,鼻尖冻掉了,脸上也脱皮了。夜晚,魏格纳精疲力尽地在日记里写道,他只能去想和远方的未婚妻埃尔泽将来如何一起生活,以及今天晚上有什么吃的。"要提一下的是,第一件事主要是吃完饭之后考虑的,在吃饭前要考虑的是第二件事情。只是我缺少这股勇气,否则可以就这些主题写两篇论文。和这些相比,《大陆的起源》就像六年级的学生写的文章。"5月28日,他的语气变得更为绝望了。"我们还是不知道,是不是会有人活着抵达西岸。"马儿太过于虚弱,他们总是不得不仁慈地给它们来上一枪,然后把行李放到沉重的雪橇上,自己拉着穿过冰面,每天行走十二三千米。一切多余的东西都被抛弃了,工具、箱子、备用的烟斗、烟草早就消耗完毕了。6月4日,海拔2 700米,那匹名为"女士"的备受喜爱的冰岛马精疲力尽地倒下了,随后也被击毙了。但是,一只白斑翅雪雀凭空出现,围绕着疲倦不堪的一行人飞着,"叽叽喳喳"。

❉

1913这个年份连接了19世纪和20世纪,使这两个世纪密不可分。因此,古迪昂·森贝克在1913年4月29日获得拉链的专利,这就不足为奇了。两条可以弯曲的布条,侧边缝着链齿和滑块,以使链齿可以互相咬合。库尔特·图霍尔斯基确定地说:"没有人能明白拉链的原理，但是就是有用。"

❈

1913这一年有众多美丽而狂野的女性，其中最为美丽和狂野的是欧金尼娅·沙科夫斯基。这位笼罩着神秘气息的侯爵夫人是沙皇尼古拉二世的远方表亲，人们不清楚具体情况，但是她尤其热爱生活以及冒险——这点人们很清楚。1907年，她在还未满18岁的时候就离开了侯爵和孩子，伪装成护士，成为性爱大师拉斯普京的佳丽之一。她一瞥，男人们就纷纷神魂颠倒，或者直直撞向门框，希望美人施与急救。她拥有一头深棕色的短卷发，眉毛很精神，特别是那双闪闪发光的眼睛，就像每一张黑白照片上突出的黑点一样。这位侯爵夫人尤为擅长赛车和射击，但她觉得这些逐渐都变得无趣了。还在圣彼得堡的时候，她就喜欢上了飞行。不久后，她来到了柏林，1912年8月16日，她在约翰尼斯塔尔取得了她的德国飞行执照，这是当时德国发放的第274张。她的无所畏惧（和对生活的热爱）吸引了这座城市以及城里的男性。有一次在飞行时，飞机油箱爆炸了，引擎也罢工了,她成功驾驶着变成一团火球的飞机返回了地面,没有受伤,只是脸上有一些烟灰的痕迹,除此之外一切无恙。接下来她需要一些新的挑战。她申请加入意大利军队,在意大利对土耳其战争中驾驶飞机侦察,但是这不符合1913年意大利的女性形象。她在约翰尼斯塔尔机场上爱上了米哈伊洛维奇·阿布拉莫维奇,一位来自敖德萨的23岁男性,头发短,名字长,他是莱特兄弟在德国的分公司"莱特飞机"的试飞员。阿布拉莫维奇是一位果敢、忧郁、沉默的男性,是约翰尼斯塔尔飞行员中的无冕之王。他很快自己制造了飞机,并驾驶着这些飞机一路飞到圣彼得堡。能在空中盘旋而上,越飞越高,这是他的热爱所在。他打破了两项纪录:一项是飞行高度——达到了2 100米,一项是携带四位旅客并在空中停留的纪录——46分57秒。这样一位不会坠落的男性身上会发生什么呢?会坠入情网。

4月24日,早上6点43分,阿布拉莫维奇和情人侯爵夫人欧金尼娅·沙科夫斯基刚登上飞机。太阳刚刚升起,这将是一个晴朗无风的春日。只有当展开的手帕从空中可以垂直落下的时候才可以执飞。手帕落在了他们脚下,位置没有偏移。

他们接吻,飞机起飞。他们再次接吻,阿布拉莫维奇把双翼飞机的控制权交给了情人,他抚摸着她的脸颊。也许她就在一瞬间分了下神,飞机被卷入了在他们上空飞行的飞机留下的气流旋涡里。她的飞机开始剧烈晃动,侯爵夫人想要控制平衡,但是失败了。阿布拉莫维奇想要出手,但是他们还是撞向了地面。机场的人们震惊地看着这次坠机。一声巨响,人们惊呼着冲了过去。阿布拉莫维奇浑身鲜血地躺在废墟里。他伤势太重,无力回天。但是侯爵夫人再一次只是受了些剐蹭,活了下来。但是当第二天情人死讯传来的时候,她试图自杀。这是她人生中唯一一件没有成功的事情。

另外,在这对爱侣上空飞行的飞机,即卷起致命气流的那一架,属于另外一位扰动约翰尼斯塔尔飞机场的特殊女性——我们还记得,她是阿梅莉·贝泽,布塔尔的新婚妻子。她的航空公司名为"Adastra",意思是"前往星辰"。这次,传奇的米哈伊洛维奇·阿布拉莫维奇身为飞行员不得不经受这场坠毁(per aspera)。循此苦旅,以达星辰。

❋

4月25日,年轻的帝国议会议员古斯塔夫·施特雷泽曼在柏林成立了"生产阶级联盟"——由工业协会总会和中小企业协会合并而成。柏林的媒体从一开始就称之为"攫取联盟"。

同一天,罗莎·卢森堡在前进出版社出版了她的战斗檄文《资本积累论》。这时候还有人说,上帝没有幽默感。

4月30日,慕尼黑的审查机构以道德原因禁止弗兰克·韦德金德的《露露》演出。审查机构新成员托马斯·曼对此禁令提出了抗议。

❋

年仅23岁的埃贡·席勒仍然痴迷于他的红发情人瓦莉·纽泽尔,她现在已经年满18了。5月初,他们一起前往尧尔灵山麓玛丽亚拉赫旅行,在"白玫瑰"旅店的住客名单上一起登记了名字。席勒迅速用铅笔画了一张优秀的自画像。在他的脑袋下面,本来应该是身体的地方,写着瓦莉·纽泽尔。这也是种爱的宣言。不久之后回到维也纳,席勒亲手给瓦莉填了户口登记信息:以他的签名为证,她现在住在13区的费尔德米尔巷3号——至少她登记的住址是那里,她当然是和他住在一起,在希岑格主干大街101号——他的画室里。

❋

上帝创造了夏娃。"我也可以。"毕加索想道。他不断进行创作:他的夏娃。这位美丽的女士原名叫玛塞勒·安贝尔,但是毕加索想要她明白,对他来说,她是他第一位真心爱上的女性(虽然事实上她大概得排到第101号了)。然后,毕加索给自己加上了亚当、蛇和造物主的角色。这是一种全新的、极不寻常的三位一体,它赋予了夏娃生命,也同时将她引入了罪恶的深渊。乔治·布拉克和毕加索在立体主义是扭曲现实还是打破现实这个问题上争论不休,这位老对头不凑巧在这个时间点上也爱上了一位玛塞勒(这位女士几年前也曾经是毕加索的情人),所以,仅仅出于这个原因毕加索就得给她改名,那就叫夏娃了。为了让她不要忘记这个名字,也让世人不要忘记这个名字,毕加索把在1913年的热烈的春天和夏天所创作的画命名为:《我爱夏娃》《漂亮的夏娃》或《我漂亮的夏娃》。但可惜这位漂亮的夏娃不走运,她走进毕加索生活的时候正是他在实验合成立体主义的阶段。说白了就是:从这些画里完全看不出她来。这种立体主义把形状都拆解开来,还在画布上贴上了报纸、木头和其他东西,把现实所有的碎片拼贴在一起。毕加索和夏娃前往塞雷,去比利牛斯山度假,他们1913年春天都待在了那儿,8月的时候还又回去过一次。这里非常宁静美好,山上吹来阵阵清风,巴黎连同那里可笑的嘈杂都离得远远的。然而,5月2日,当巴勃罗和夏娃在塞雷过着田园牧歌般的生活时,一个消息传来:毕加索的父亲病重了,而前不久他刚把自己的新娘介绍给父亲认识。毕加索火急火燎地收拾行李,赶往巴塞罗那,但是他还是晚了一步。他第二天抵达的时候,唐·何塞已经撒手人寰了。

但那时的毕加索已经签下了新住所的租约,在舍尔歇街5号——在这里,透过所有的窗户都可以看到蒙帕纳斯无边无际的墓地。对他的爱人夏娃来说,这场景太恐怖了,她在塞雷患上了严重且致命的肺结核。她咳个不停,把所有沾满血渍的手帕都藏了起来,不让毕加索发现。她相信,他要是知道了自己的病情,便会把夏娃重新变成平平无奇的玛塞勒,然后离开她(这个猜测可能是有道理的)。但是她可是名师教出的高徒。名师有一句格言:"你得说服人们相信你谎言的正当性。"于是,接下来的几周她就继续瞒着,直到不得不住院了。毕加索每天都前去探望。而当回到家里后,他就和邻居加比暗通款曲。果然是男人!

❉

这年春天,在洛尔附近美因河上方的陡峭山坡上,负责葡萄种植的奥古斯特·德恩首次在德国种植了300根品种为米勒-图高的葡萄藤。他想要看看对这个品种来说,这里的气候是不是足够暖和。那时候他还不知道,即将来临的是世纪之夏。

❉

"自我未来主义"到底是什么? 是圣彼得堡的伊

万·伊格纳季耶夫的发明,无数俄国思想革命家痴迷于看不透的深渊和闪耀的明日,他便是其中一分子。他首先是位花花公子,其次是位诗人。但是他早就知道,自己只可能借由一场形式完美的自杀才能抵达创作的巅峰。但这样的良机在1913年还没出现,要到第二年年初他才找到一位勇敢的新娘。他在婚礼上穿着最漂亮的燕尾服,给妻子最后一吻,然后在旁边的卧室里用剃须刀割了喉。而自我未来主义用这种方式悲惨地流干了鲜血。

❋

4月,希尔玛·克林特在斯德哥尔摩神智学协会做了一场报告。在发言的时候,她想到了自己艺术生涯的开端,彼时她还在描摹水果的细节、叶子的经络,还有苹果的果皮。然后在接下来生涯中,她展示了如何借由人智学、神智学和宇宙的力量,攀到源头。希尔玛·克林特谈到了她在绘画过程中从"更高的力量"那里收到的信息——绘画不在于对自然的描绘,而在于成长本身。以及,相当重要的是:男性和女性的力量重新回归平衡。

所以她1913年开始创作抽象系列作品《知识之树》。画作的主题不再是原罪，而是在知识之树的树荫下形状的流动，线条化作鸟，再化作线条，或者树枝。颜色是有生命的，形状是流动的。就像希尔玛·克林特强调的一样，所有的一切，是她接收到的神谕。斯德哥尔摩的听众惊讶地发现：如今就连宇宙都偏爱抽象派，并且（显然这位果敢的瑞典女士早就明白了这一点）早在蒙德里安、康定斯基、库普卡、德劳内之前。

革命家闲时会收集花朵。罗莎·卢森堡于 1913 年 5 月制作的植物标本

5
月

❉

5月5日，星期一，给皇帝陛下弗朗茨·约瑟夫的午餐呈上的是肝泥丸子汤、小牛肉排、蛋饼、土豆泥和青豆。就算已经83岁高龄，就算巴尔干战争还在持续，但他的胃口丝毫没有受影响。接着他召见了海因里希·斐迪南大公，他属于哈布斯堡·洛里昂·托斯卡纳这一支，是末代托斯卡纳大公斐迪南四世的儿子（此处我就不解释细节了）。大公想要感谢皇帝陛下任命他为龙骑兵第6团少校。接着年轻的少校即刻启程前往格拉茨，去普赫公司购置新汽车。皇帝的晚餐是大麦粥、烤肉馅饼、烤牛肉、芦笋、煎鹧鸟。接下来甜点环节，弗朗茨·约瑟夫还享用了一份草莓蛋挞和巧克力蛋糕。塞尔维亚炖豆子则没有出现在菜单上。

❉

5月9日，外面的栗花和丁香花争奇斗艳，年轻的革命家罗莎·卢森堡走进施泰格利茨街28号保罗·弗兰克的文具店，买了一本蓝灰色的练习簿。她年少时的梦想是成为一名植物学家。现在,1913年的春天花团锦簇、香气四溢,充满爆发力,这位为了新的共和政体而奋斗的伟大理论家和斗士,用她自己的话来说,突然"疯了"。5月10日,她第一次去田野和树林里收集树叶。首先收入囊中的是红醋栗和白醋栗的叶子,这是经典操作。5月11日摘了一片榆树和一片白蜡树叶,然后是接骨木、丁香和榉树的叶子。她把叶子摘下来,压平,贴在练习簿的内页里,注明信息,还有拉丁文的名字。她跟闺蜜坦白道,我"带着所有的热情,全身心地栽进了植物的世界,这个世界、党派、工作都消失了,只有一股热情日日夜夜回荡在我体内:去外面,去春天的田野里四处游荡,收集满怀的植物,然后回家分类、辨别、整理到册子里"。5月14日,第一本练习簿已经贴满了,她又去了柏林叙登德文具店,一下子买了5本练习簿,第二本是5月15日启用的,第一件收藏的是日本楹梓的绚丽花朵和纤长叶片。5月20日,添上了"自家阳台"采摘的植物,是三色堇。

❋

5月17日,艺术组织"桥社"骤然解散。恩斯特·

路德维希·基尔希纳、埃里希·赫克尔、马克斯·佩希施泰和卡尔·施密特-罗特鲁夫即刻分道扬镳。基尔希纳精疲力尽又如释重负,和他的爱人埃娜·席林前往费马恩岛,走向了大海。他们两位还是住在了斯泰伯胡克的灯塔管理员那里,从那间刷成蓝色的灯塔房里能看到海上的帆船驶过。基尔希纳坐在桌旁,抽着烟斗,穿着轻便的裤子和衬衫,埃娜站在他面前,一丝不挂,正如上帝创造她时一样。他们聊天,优哉游哉,兴致勃勃,房间的墙壁是蓝色的,家具如立体画派一般散落在房间里。埃娜回头,透过窗户望向大海,基尔希纳看着她,总是一再为她的身体着迷。正是在这个瞬间,他落下了画笔。这幅画叫作《灯塔房(和埃娜的自画像)》,它描绘了这对激情洋溢的伴侣生命中最安宁美妙的一刻,这是家庭生活中的表现主义。下午,当太阳已经有点西斜时,他们便出门去沙滩,埃娜套了件夏天的薄裙子,基尔希纳带着他的相机。他想要拍摄海湾、浪涛和沙丘里的草。柏林在很遥远的地方。1913年的《内行人游柏林》指南里介绍了"柏林的十条戒律"。最重要的是"晚睡"。第二条是"不要把你在柏林的时间浪费在走亲访友上"。但是不要贪恋邻居的妻子——这点可是只字未提。

❖

伊戈尔·斯特拉文斯基突然成了当下炙手可热的作曲家。《火鸟》已经大获成功,现在应该轮到《春之祭》了。斯特拉文斯基和家人一起住到了瑞士法语区的克拉朗,下榻在沙特拉尔饭店,就住在莫里斯·拉威尔隔壁。他想把这部作品写完。俄罗斯芭蕾舞团的经纪人佳吉列夫已经支付了8 000卢布,这是一笔巨款。接着拉威尔给斯特拉文斯基及其家人在斯普伦迪德酒店找了个更好的住处:两个房间,一个浴室,每晚52瑞士法郎。斯特拉文斯基搬了过去。罗莎·卢森堡这位来自柏林的革命家,这个春天在克拉朗度假,漫步草坪,收集花朵,敞开的酒店窗户里总是传来不可思议的声音,就像从另一个星球传来的钢琴声。早在其他所有人之前,她就听到了斯特拉文斯基革命性的《春之祭》。

斯特拉文斯基是一个奇怪的小伙子,虽然穿着板正的西装,透过小眼镜看人的他并不显眼,但是当谈到他的音乐时,他就会变得斗志昂扬。在创作《火鸟》时,他就对《春之祭》有了初步的设想:"年老睿智的男性坐成一圈,观赏即将被献祭的年轻女孩的死亡之舞。"作品暂定的标题是《伟大的献祭者》。他在故乡和画家尼古拉斯·洛里奇一道,收集"异教俄国"的素材。后者于1913年春天在巴黎正为了《春之祭》首演的舞台布景伏案工作。1913年4月初,斯特拉文斯基的稿子也总算誊写清楚了,49页琴谱。当时彩排早就开始了。俄罗斯芭蕾舞团无论在何处巡演,都会进行彩排。斯特拉文斯基也经常在场。在布达佩斯,一位女舞蹈演员回忆道:"斯特拉文斯基把胖胖的德国钢琴家——被佳吉列夫叫大块头的那位——推到一边,自己接着弹了下去,音乐比我们之前听到的快了一倍,也比舞步能跟上的速度快了一倍。他用脚跺地,用拳头击打键盘,又唱又喊,让我们明白音乐的节奏和色彩。"这场"祭祀"以巴松的一个怪异高音开始,最后以一声极强的闷响结束。在这部作品中,斯特拉文斯基几乎超越了他自己。当德彪西在朋友那听到用钢琴弹奏的斯特拉文斯基这部新作品的第一章节时,他震撼不已,同时对这种新生事物也感到非常欣喜。这种新事物根植于远古仪式以及先人的吟唱和舞蹈,加以新的速度,配上机器的节奏、飞机的螺旋桨、未来主义者的诗歌。斯特拉文斯基在音乐上发现了西格蒙德·弗洛伊德同一时间在人类身上发现的东西。这些天,他在《图腾和禁忌》这部开创性的作品里写道:"野蛮人和神经症患者的心灵世界相符。"

在巴黎,俄罗斯芭蕾舞团每天都在排练尼金斯基编排的舞蹈。这位神祇般的牧神,也就是佳吉列夫的爱人,和斯特拉文斯基大胆的作曲相当契合。整座城市都非常兴奋,这股风潮从香榭丽舍剧院的排练室席卷到了沙龙和画室。5月28日,只邀请了艺术家和批评家的最后一次彩排过程出奇平静得出奇。哈里·凯斯勒伯爵在他的日记里记录道:"和佳吉列夫、尼金斯基、斯特拉文斯基、拉威尔、韦特、爱德华兹夫人、纪德、巴克斯特等人前往拉鲁酒店,大家一致认为,明天晚上的首演将会引起轩然大波。"

※

5月29日,也就是第二天的傍晚,现代主义最大胆的创作之一进行了首映。《春之祭》的首演,也称伊戈尔·斯特拉文斯基的《春日献祭》，演员是佳吉列夫的俄罗斯芭蕾舞团团员，舞蹈设计是尼金斯基。观众席上坐着可可·香奈儿、加布里埃尔·邓南遮、让·谷克多、马塞尔·杜尚、赖纳·马利亚·里尔克、巴勃罗·毕加索以及马塞尔·普鲁斯特（他穿着皮草大衣来的，尽管气温高达24摄氏度，这件衣服一直到演出结束都没有脱下来，他担心自己感冒）。除此之外还有其他500名观众，来自整个巴黎社交圈——没有人穿皮草。第一小节之后：绝对混乱，绝对魔幻，绝对摄魄。斯特拉文斯基有节奏的驱魔仪式，24岁的尼金斯基的远古仪式舞蹈动作成功地应和了这惊心动魄的作曲。观众们的激烈反应让尼金斯基心烦意乱，当斯特拉文斯基去上厕所的时候，佳吉列夫在他耳边悄声安慰道，《春之祭》其实是他们爱的结晶。人们也可以这么看。

或者，像《费加罗报》的批评家第二天报道的那样："您想象一下，一群人涂着最耀眼的颜色，戴着尖尖的帽子，穿着浴衣、皮草或者紫色的无袖长袍，动作像疯子一样，同样的动作重复了上百遍，不停地跺脚。"但是，正是这跺脚的动作清楚勾勒出了进步的样子。《费加罗报》

也预感到了这一点:"关于这个当代群体的心理学小实验,我们想要了解公允的、独立的批评家们的看法。"

❋

5月29日这一天的巴黎(以及柏林),人们预告了第二件大事:弗兰茨·黑塞尔和海伦·格伦德的婚礼。"如有异议,可于十四天内联系柏林舍讷贝格第二户籍登记处。"登记处的工作人员在结婚通告里这么说道。但是没有收到异议。这对新婚夫妇搬到了黑塞尔在舍尔歇街4号的住处,有意思的是,他们正好住在了巴勃罗·毕加索隔壁。不过他们并不在乎,而是有一堆自己的事情要忙。海伦金发、严肃、热爱运动;弗兰茨正相反:秃头、圆润、思虑甚多,目光看上去有点可怕。然而在这个春天,黑塞尔的死党亨利-皮埃尔·罗谢总是搅和到他们这个关系里来。他是作家、翻译家、记者、多姆咖啡馆的明星,也是杜尚、毕加索和布拉克作品的收藏家。而且罗谢会拳击,还打得相当不错。周日晚上和他对打的经常是乔治·布拉克。但是他现在还没有染指死党的女朋友。他们现在还不是"朱尔与吉姆"。

5月31日,在布雷斯劳新落成的世纪表演厅里举行了《德国韵文的庆祝剧目》的首映礼。这部剧是为了纪念1813至1815年的德意志解放战争,也同样是对当代德国群众所做的心理学小实验。导演是马克斯·赖因哈特。这样的组合再好不过了:剧本出自新晋诺贝尔文学奖获得者之手,导演是这个国家最著名的导演。但结果是场灾难——艺术上的灾难。用木偶剧的形式讲述德国历史,这个想法落空了。保罗·恩斯特6月1日在《科隆报》上写道:"级别极高的来宾可能会在某一时刻觉得世事如同一场木偶剧,但若据此编写一整部木偶剧,而且是一部庆典的舞台剧,那就太愚蠢了。这种愚蠢,并非是从爱国或者政治角度做出的评价,而是就审美而言不得不做出的评价。"

这场弘扬德国爱国主义的演出原本安排了十五场,但在6月18日第十一场之后就被叫停了。德国人的爱国主义仿佛受到了极大的侮辱。德国战争协会表示强烈抗议,因为豪普特曼想证明德国的国际声望并不是基于其军事优势,而是思想上的优势。思想上不占优势的德国王储弗里德里希·威廉·冯·霍亨索伦要求立刻停止演出。他认为德国诺贝尔奖获得者那不爱国的作品削弱了德国的军事力量。

❈

玛塔·哈里此时继续试图用女性的武器说服王储。她再次从巴黎前往柏林,再次下榻在布里斯托酒店,再次设法接触德国王储。她去了大都会剧院,因为听说他在当天晚上也应该会到场,他的确来了。当舞台上出现特别感人的爱情场景时,她抬头望向王室包厢。那个瞬间,他们目光交汇了。他多看了她百分之一秒,她确信。

赖纳·马利亚·里尔克得了感冒,但他的腿在哪里?

6月

※

凌晨1点,6月1日这一天刚开始,阿尔弗雷德·斯蒂格里茨,著名的摄影师、《摄影作品》杂志的主编、收藏先锋作品的画廊老板的电话响了。消防员通知他,他在第五大道291号的画廊楼下那间屋子失火了,火势即将蔓延到整栋楼。斯蒂格里茨非常恐慌,他知道不仅仅他所有的底片,还有他那惊人的相片收藏,也就是他所有的财产都在画廊里。最让他揪心的是,他对妻子埃米说道,后者刚在深夜给他沏了杯茶;最折磨他的是,自己刚刚展出的那些年轻画家们的画作也即将化为灰烬。阿尔弗雷德·斯蒂格里茨待在家里,和那些作品告别,此时第五大道的火势正在肆虐,而他在哀悼。等到破晓时,他才出发去查看可怕的损失。但是当他到那里时,消防员们向他问好,并告诉了他一个好消息,他的房子没有被波及。他不可置信地走到了楼梯间,里面还有水的痕迹和冷却下来的烟气。他打开画廊的门——所有的作品都挂在墙上,和昨晚一样,所有的底片都丝毫未损,所有的相片也是。但是阿尔弗雷德·斯蒂格里茨一言不发。他所有的情绪都在夜晚的那场告别中耗尽了。

❈

药剂师 T.L. 威廉姆斯的妹妹美宝苦恋她的上司,但是对方连看都不看她一眼。威廉姆斯再也没法袖手旁观了。他把煤灰和凡士林搅和在一起,发明了涂抹睫毛的睫毛膏。于是他的妹妹征服了上司,而他的公司美宝莲征服了全球市场。

❈

马克西姆·高尔基在卡普里岛上的名气越来越大。烈日当空,他却思念着俄国那让人无路可逃的寒冷。有传言说罗曼诺夫家族计划大赦天下,他将获得允许返回那个驱逐他的国家。他的儿子小马克西姆想要见他,但是他没有时间,他必须操心祖国的革命事态。他给儿子写了封拒信:"这是对祖国的义务,去问妈妈吧。"那位刚被父亲抛弃的妈妈,只能对他说声"谢谢"。

高尔基悉心护理他那革命性的大胡须,这是他的标志。他从没想过要剃掉它。下垂的胡须尖让他显得特别愤怒和坚定。

通常他都在奋笔疾书,一天12到20封信。邮差现在一天来两次:早上来送信,下午当港口已经暗下来时,还会再来一次取新的信件。当列宁来卡普里看望高尔基,两人在高大的无花果树下下棋时,列宁曾警告他:这座岛和阳光再美,他也不能忘记俄国的贫困。但是高尔基没有忘记。他先是试图把这座岛改造成俄国工人阶级英雄的干部培训基地。接着他在这里书写他那些革命性的作品。有时候他会乘船去那不勒斯,买最新一期的俄国的报纸。然后他总是会登上维苏威大酒店的露台,在海边的林荫大道前面,他第一次看见了卡普里岛在蓝色海洋中闪现的剪影。下午,他在基亚海滨路上的古董店里闲逛,他一直在找古代的武器——刀、箭和斧子。然后,晚上他带着战果搭乘最后一班船,回到卡普里岛上的皮耶里娜别墅,花一些钱,让年轻的小伙子们把这些东西抬上山。他在流亡途中,即使身处庞大的武器库,也在打磨故乡的革命方案。"这里,"他在1913年写道,"这里的人已经丧失了热忱,但我们的精神力量足得很。在不久的将来,俄国人会在欧洲占据领导地位,拥有智识上的霸权。"

自从爱人玛丽亚离开以来,他便毫无顾忌地扑在武器收藏上;还有吸烟。以前每天她都要问他:"你为什么抽这么多烟?"有一次他反问了一句:"你为什么想活这么久?"这个问题赶走了她。也许正是这个瞬间,她意识到如果离开他,生活可能确实会更开心。

巴黎的批评家们讽刺《春之祭》是一场《春之屠杀》。在第二场演出后,伊戈尔·斯特拉文斯基在拉鲁酒店吃了个不太新鲜的牡蛎。他因为急性中毒被送到了塞纳河畔讷伊医院,发起了高烧,温度计显示 41 摄氏度,医生们担心他有性命之忧。刚刚又怀孕的妻子卡佳带着三个孩子从克拉朗慌慌张张地赶来。他的母亲甚至坐火车从圣彼得堡赶来,握住儿子的手。莫里斯·拉威尔和贾科莫·普契尼也赶到了病床前。这个时代最伟大的作曲家,刚刚年满 31 岁,真的要在刚创作出伟大作品之后就不得不离开这个世界了吗?

不会的。6月末,斯特拉文斯基虽然脸色还有些苍白,但除此之外精神良好,可以出院回家了。这个春天不需要人类作为祭品。

※

埃米莉·戴维森是英国女权运动最著名的斗士之一,为了妇女选举权她已经入狱八次。6月4日,她去观看爱普森著名的赛马比赛。当马跑过最后一个弯的时候,她突然跨过栏杆,躺到了国王乔治五世的马蹄下。很快她就因为颅骨受伤不治而离世了,从这个时刻起,她便被尊为女权运动的殉道者。这个混乱让人几乎忘掉这场比赛中拔得头筹的是一匹叫作肯尼摩尔的马。这个消息让保罗·德雷珀特别开心,这场比赛他在这匹马身上押了几百镑。德雷珀为人十分轻浮,他是个赌徒,热衷享受,邀请钢琴家阿图尔·鲁宾斯坦搬进自己在伦敦的豪华别墅。靠着这笔奖金,他不仅能够再享用几次萨沃伊酒店的烤肉晚餐,还够他邀请鲁宾斯坦及其伙伴——伟大的大提琴家卡萨尔斯举办两场家庭音乐会。

❋

这正是俄国母亲们来探访的好处。她们疗愈了自己的孩子,就像斯特拉文斯基那次一样。康定斯基刚把他的母亲送上开往敖德萨的火车,6月5日,他终于剃掉了自己的胡子。他写信给奥古斯特·马克:"我自己把胡子剃掉了,现在看上去像个牧师。"

❋

在这个春天,现代艺术里最亲密的兄妹关系走到了尽头。格特鲁德·施泰因和她的哥哥莱奥一刀两断。他们分割了艺术收藏品,莱奥搬去了意大利,自此他们再也没和对方说过一句话。格特鲁德很开心,她总算可以和爱人爱丽丝·托克拉斯两人共同在周六晚上举办沙龙了。沙龙位于花园街27号他们那栋传奇的房子里,这是当代艺术的核心阵地之一。客人们置身于塞尚、毕加索、雷诺阿、布拉克、马蒂斯的作品中,喝着茶。爱丽丝和莱奥当然互相不对付。格特鲁德不会为哥哥落泪,但是会为塞尚的那幅《五个苹果》痛哭。这幅1877年的小静物画是这对兄妹1907年购入的,在分割藏品的时候莱奥把它弄到了手。他痴迷于这幅小作品,认为没有什么比"塞尚的苹果更接近米开朗琪罗在西斯廷教堂里表现的纯粹形状了"。他写信给他的妹妹,说她现在应该承认失去这幅苹果静物画是上帝的旨意。格特鲁德跟一位女友承认,比起失去哥哥,她更想念失去的塞尚的苹果。她是如此悲痛,以至于巴勃罗·毕加索用最后一个苹果来安慰她。他在画的反面题词:"格特鲁德和爱丽丝留念"。为了让她们明天还能大力地咬上一口。

❉

人们当然很疑惑:赖纳·马利亚·里尔克在巴特里波尔茨奥的时候也感冒了吗?我们可以这么认为,不过这次更糟糕。"我如同被冰雹打过的草",在这个黑森林的小山谷里,他垂头丧气地写信寄往杜伊诺,告诉他母亲般的知音和赞助者图尔恩和塔克西斯侯爵夫人。1913年6月6日,他抵达了夏山别墅,在此疗养。他这几年迷茫地在欧洲游荡,渴求着平静,5月简直是场灾难,"所有事情都让人讨厌,我回想起这段时间,只记得自己在不停地说话,31天都在说话"。再加上在巴黎时和崇拜的罗丹又有了冲突,后者越来越厌烦他了,还有朋友约翰内斯·冯·纳德赫尔尼的自杀,他也是里尔克爱人西多妮的亲兄弟。里尔克一直以来都是埋头前进,现在却被甩出了既定的轨道。37岁的他陷入了最大的危机,陷入了"沙漠",他抱怨道。解药自然是巴特里波尔茨奥的"水疗"了。但一到这里就接连下了几天雨,"带着某种悲伤、阴沉的顽固"。这就非常容易感冒了!里尔克请酒店经理给他一块羊毛毯子,用来在夜晚裹住双脚。里尔克想要让自己"在大自然里焕然一新",而他选中了歌德作为修缮的工具。在无垠静默的森林里散步时,他随身带着歌德歌颂自然的诗。他出门时穿着深色西装加马甲、白色衬衫、浅色长筒袜,戴黑色带子的浅色帽子,拿着散步时用的带银色球形把手的手杖。他进入云杉深处,来到"潘多拉的长椅",坐在那里看书,这时黑德维希·伯恩哈德给他拍了张照。里尔克读的是歌德早期作品《潘多拉》的片段,读了三遍,他可能希望借此阻止自己的潘多拉盒子的开启,希望他能免于灾难和罪恶。在歌德的作品中,潘多拉是一切的赠予者,她赠予了世界美和梦想的喜悦:"谁在世间赢得美,也会为上天所垂青。"这彻底迷倒了里尔克。

1913年春天,他意识到,像这种投奔某人式的避难,例如投奔杜伊诺城堡,实在耗费心力。"我不想要'待在'某人家中"。身为客人的所有烦琐的任务都会引起里尔克的惊慌和焦虑。他想要在酒店里当个匿名的游客,除了最后要支付账单之外没有任何要求。也可以这么说:里尔克中意的状态是,只有他可以对自己以及周围人提过分的要求。6月14日,他将会写信给莱比锡的出版商安东·基彭贝格,告诉他自己"从昨天开始就有点生病了"。喉咙有点痒。这种"疗养对我是种负担,攻击我的植物神经,让我精疲力尽",这是他在巴特里波尔茨奥待了三周后的总结陈词。"我太累了,写不动字",他这么说道,而同一天他还又写了十一封信。然后一直这样循环往复:太累了,无法保持清醒,精疲力尽了,无法创作,鼻子太堵了,无法呼吸。真是个可怜的人。

※

6月,布兰奇·艾比特在美国出版了《丈夫不该这么做》。书里最重要的建议是:"请不要总是担心自己的健康。如果真的生病了,请去看医生,而不是跟身边的妻子喋喋不休,胡乱猜测自己可能得了什么病,把她搞疯。"

※

1913年的第13个周五是1913年6月13日,很特别。容易恐慌的阿诺德·勋伯格因为担心这一天的到来已经惴惴不安几个月了。那发生了什么呢?一切都风平浪静。

※

理查德·瓦格纳作品的版权将于今年年底到期——正好是他逝世30周年。瓦格纳的遗孀科西马·瓦格纳尤其担心经济损失。所以她想了个愚蠢的法子:缩减给

1865年出生的女儿伊索尔德·拜德勒的资助。伊索尔德虽然是科西马在和汉斯·冯·比洛的婚姻存续期间出生的,但确定无疑是理查德·瓦格纳的孩子。6月,她收到了母亲的信,收件人是"比洛家伊索尔德·拜德勒女士"。就算《莱茵的黄金》的总谱上写着:"著成于小女伊索尔德诞生日",也没有用。理查德·瓦格纳的讣告里列出了子女的名字:伊索尔德、埃娃、西格弗里德。然而当被告是拜罗伊特这座城市的荣誉市民时,这一切都没有用。按照科西马的说法,她什么都记不起来了。于是,1913年春天,伊索尔德不得不在拜罗伊特地区法院对她的母亲提起了遗产诉讼。可是这位母亲打破脑袋也想不起来自己女儿的事,却能记得这位法官——这场官司她获胜了。伊索尔德不得不承担诉讼费用,因为她没有确凿证据证明自己是理查德·瓦格纳的女儿。当年出生的时候她被登记在汉斯和科西马·冯·比洛名下,而理查德·瓦格纳只是教父。可惜这位私生女伊索尔德和作曲家丈夫弗兰兹·拜德勒的婚姻也不算幸运:他在婚内和两位情人生了三个私生子。

❇

6月20日,电影《幸福的权利》的首映礼在柏林举行。这部影片是今年春天在菩提树下大街32号到34号的维太制片工作室制作完成的。电影胶片总长达695米,然而传达的信息却是:幸福通常是短暂的。

❇

马塞尔·普鲁斯特在争分夺秒。只要是和那本有朝一日会以《追忆似水年华》这个名字出版的书有关的任何事,他都要操心:页数、纸张品种、字体大小、版心、价格。他继续修订校样,折磨着出版商和排版人员。这些与其说是注释,不如说是一本新的书。他已经未雨绸缪地写信给出版社:"我建议每一页后面要留一页空白,因为我在修订校样时,(特别在开头部分,)可能会做一些修改,文章篇幅会稍稍增加一些。"稍稍增加一些!最后文章的页数差不多翻了一倍。收到新的校样,他就划掉、修改,到处贴上写着新句子和措辞的小纸条。6月,普鲁斯特收到了第一批的95份校样的最后一部分。5

月的时候他才把第一批45份改过的校样寄了回去。他预感到,之前和出版商格拉塞商定的价格已经不够了(是的,这本书基本是普鲁斯特自掏腰包出版的),他咨询出版商,每多加一页这本书会贵多少。至于书的名字,他在给朋友和出版商的信里面写道,他现在有9个书名备选,正犹豫不决。"我得放弃《心灵的间歇》这个名字",他写道,尽管《心律不齐》作为标题也不差。现在他在考虑《被刺伤的白鸽》或者《永恒的祈祷》。除了纠结书名,6月起又添了新的混乱:普鲁斯特发现自己周围乱糟糟的,都是纸条和稿子,面前有两堆待修改的,一堆原先的校样以及一堆修改过的校样。同时,他把修改好的校样复印件分发给朋友们,他们又寄了回来,然后他弄错了,把他们的意见添到了第一版的校样里。现在彻底乱了,没有人能理清楚,没有人相信普鲁斯特有朝一日会写完这部作品。

※

6月15日是德意志帝国皇帝威廉二世登基25年纪念日,《纽约时报》把这位皇帝尊为"世界上伟大的和平皇帝"。

❈

皇帝威廉二世受到这样的恭维之后,于第二天早上,6月16日,周一,宣布了"特赦令"——赦免"所有因为贫困、鲁莽、轻率或者被引诱而犯下的罪行"。这话还能说得更好、更有爱心、更仁慈吗？这位德国皇帝难道是上帝？

❈

皮尔·波纳尔这位伟大的法国画家下午经常会去拜访另一位更伟大的法国画家,并且只要走几步路。波纳尔在春天搬到了弗农附近的一个农庄里,从那里可以看到河谷,而且抬腿就能走到传奇的吉维尼——莫奈住在那里,并把他的花园变成了一件总体艺术作品。有六位园丁在照管花园和睡莲池塘,莫奈吃过早饭后便出去画画,不停地画,直到太阳下山,然后他就很快躺下睡觉了。"不然,太阳下山了,我还有什么事情要做呢？"他惊愕地问道。

柏林天气炎热，即使到了深夜，普伦茨劳尔贝格新的街区里的热气仍然没有散去。街边的树才一人高，街角小酒馆的桌子摆到了外面，觥筹交错，欢声笑语，一只不知疲倦的乌鸫对着升起的月亮一展甜蜜的歌喉。菲丽丝·鲍尔正坐在伊曼纽尔基尔希路的房间里，梦想着和远方的未婚夫弗兰茨·卡夫卡一起生活，或者至少共度良宵。她也大胆地写信这么告诉他了。但是关于自己的夜晚（以及自己的人生），卡夫卡有另外的想法。他在1913年6月26日的信里这么写着："写作的时候，我需要像死者一样与世隔绝。在这个意义上，写作是一场更深沉的睡眠，也就是死亡。就像人们不会，也不能把死者从坟墓里拉出来一样，人们晚上也不能把我从书桌前拉走。"

恩斯特·路德维希·基尔希纳？康定斯基？毕加索？杜尚？"我觉得表现主义那帮人根本没有天赋，"画家马克斯·李卜曼于1913年6月26日写道,"立体主义和未来主义那些人也一样。我认为这种愚蠢的流行很快就会消退的,其实我是无所谓的。他们做他们想做的事情,我做我想做的。"

❅

今年的环法自行车赛于6月28日开幕,起跑线上有140位选手。在5 388千米之后,只有25位抵达了终点。其中一位是尤金·克里斯多夫,他从图尔马莱山口出发的时候发现自行车的前叉断了。接下来的14千米他是徒步跑完的,还背着自行车,直到找到铁匠铺拿锤子把车重新修好。尽管路上耽误了,但他最后在总成绩单上仍然名列第七。

❅

在5月30日第一次巴尔干战争正式宣告结束后,6月29日,周日,第二次巴尔干战争爆发了。之后还有第三次,但名字不一样了,牵涉的不是某个区域,而是囊括了整个世界,这真是不幸。

6月30日，帝国议会依据《军队法案》批准了德国历史上增幅最大的一笔军事开支：军队增员13.5万人。随后，俄国和法国也决定大幅扩充常备军规模。

1913
夏天

马塞尔·普鲁斯特爱上了他的司机,并与他私奔了。舞蹈天才尼金斯基也踏上了私奔之路,不过出人意料的是和一位女士。欧内斯特·海明威开始练拳击,他请母亲给他寄大一些的衬衫过来,免得胸口处过于紧绷。贝托尔特·布莱希特心脏出了问题。恩斯特·路德维希·基尔希纳去海边游泳。不过,至少第一部测谎仪是在格拉茨发明的。

1913年的年度照片：这辆火车的车头悬在埃姆斯河上，摇摇欲坠

7
月

❋

1913年度最伟大钢琴家阿图尔·鲁宾斯坦,1887年出生于波兰罗兹。他在6月的一个夜晚坐在伦敦歌剧院里,欣赏在欧洲一路斩获喝彩的俄罗斯芭蕾舞团的演出。他观看的是斯特拉文斯基的《春之祭》——在四个星期前震惊巴黎音乐界的作品。他愤怒地在日记里写道:"音乐嘈杂单调,舞台表演完全不知所云,这真让我恼火。"

❋

1913年度最伟大的化妆品公司老板赫莲娜·鲁宾斯坦,1870年出生于波兰克拉科夫(她和阿图尔·鲁宾斯坦没有亲戚或者姻亲关系)。她从波兰进口由草药、杏仁油和牛脂制成的面霜。这款产品先是征服了澳大利亚的女性,然后是美国的,现在到了1913年,甚至是巴黎和伦敦的女性也被征服了。人们相信只有在她的美容沙龙里才能够真正获得细腻的脸部肌肤,并且只能依靠赫莲娜·鲁宾斯坦的产品。

1913年度最伟大棋手阿基巴·鲁宾斯坦，1880年出生于波兰斯塔维斯基（他和阿图尔·鲁宾斯坦以及赫莲娜·鲁宾斯坦都没有亲戚或者姻亲关系）。他在今年7月以2 789埃洛分刷新了本人最好的历史成绩，甚至超过了来自德国的国际象棋世界冠军埃马努埃尔·拉斯克。但是他们之间没能比一场，因为金钱把鲁宾斯坦"将死"了，他没有筹集到所需的报名费用。其他的对手让拉斯克没什么兴致，于是他尝试去勃兰登堡州特雷宾附近当农民，结果失败了。他也试着当哲学家（他在1913年夏天出版了一本书《关于对世界的理解》），但是没人看得懂。所以，他"主职"还是国际象棋世界冠军。这个头衔他不可思议地保持了27年，从1894到1921年。但是1913年后，阿基巴·鲁宾斯坦没有敢再次向他发起挑战，并且很不幸地患上了些精神疾病。但是无论如何，他的传奇棋局之一"鲁宾斯坦的不朽名局"流传了下来。

❈

7月初,15岁的贝托尔特·布莱希特和妈妈一同前往上弗兰肯地区的巴特施泰本疗养——这位年轻人有心痛的毛病。之后他才意识到,这是抒情诗人的通病。在巴特施泰本,他像年轻时候的里尔克一样,兢兢业业、忧心忡忡地在日记本上时刻记录着自己的血压和焦虑值的变化。他的诗歌此时还没法给他带来解脱。那时,他写的诗还是这个样子的:"昨天,午夜前7个小时,我们抵达了这里——天气晴朗,太阳在笑。"但是接下来,巴特施泰本也像巴特里波尔茨奥以及德国所有其他地方的夏天一样,连绵不断地开始下雨。那布莱希特呢?"吃饭,无所事事。"不过,他总算开始长胡子了。

❈

里尔克那里也是如此。他在巴特里波尔茨奥很自豪地给人写信,说他可以"日日夜夜任由胡须生长"。但是这不是他的主要工作,他的主职仍然是吟诵"抱怨之歌"。在7月头几天,他向所有的女性追随者描述他的困境、劳累和疲倦。每天下午5点,当洛茨指挥的疗养院乐队总算安静下来,他又敢出门的时候,他便带着一小沓信离开夏山别墅前往邮局。收件人有女男爵西多妮·纳德赫尔尼、杜伊诺城堡的侯爵夫人玛丽·冯·图尔恩和塔克西斯、莱比锡的卡塔琳娜·基彭贝格、埃娃·卡西勒、威尼斯的孔泰萨·阿加皮娅·瓦尔马拉纳、露·安德烈亚斯-莎乐美、海伦妮·冯·诺斯蒂茨,这些是他所有的女性赞助者、灵魂伴侣、缪斯女神。当完成每天给远方女士的写信义务并把他的病情简报寄出去后,里尔克突然就痊愈了,他重新焕发了生机。然后他就把时间献给了真切存在的黑德维希·伯恩哈德。这位来自柏林的年轻演员正好住在里尔克在夏山别墅的隔壁房间。早在6月28日,她就在日记里写道:"我满脑子都是这位新认识的人,他对我来说是如此珍贵:诗人赖纳·马利亚·里尔克,他住在这里。"她会不会立刻"享用"这位可人的里尔克呢?我们无从知晓。我们只知道,下午他们一起在酒店后面的林间短道上散步。只有他们两位,一开始沉默,然后密切地交流,她听,他说。在飘着小雨时,他向她描述卡普里和杜伊诺的那些夏日美景。黑德维希·伯恩哈德被迷住了:"他的思想坚定有力,他的声音高亢细腻,双眼是两汪清澈的蓝色湖泊,脸上没有一丝皱纹。"而里尔克,原先只是爱恋自己的痛苦,现在也爱上了这位年轻的女士。他们一起走过山谷和草地,她虔诚地倾听他说话,她目不转睛地盯着、听着。当她7月5日清晨离开的时候,里尔克把他的《图像之书》送给了她,扉页上写着"让人心潮澎湃的,不是你如何提及他。亲爱的:你心动的那一刻,你让他迅速成形。赖纳1913年7月4日夜于里波尔茨奥"。无论这句话想表达什么,她的心都融化了。而7月8日他就写信寄到柏林给她:"黑德维希,我多么想念你。我们的路真的还存在吗?酒店后面我们在雨中走过的那些路?你是否把它们一并带走了?当我看向我们曾经走过的地方,我们当时真的是在行走吗?不是飞行、奔跑和奔流吗?"我们在此要感谢黑德维希·伯恩哈德,她让这位受苦的人重新变成了诗人。我们也感谢她带来的一系列独一无二的照片,留下了这些天在巴特里波尔茨奥和她一起散步的里尔克的影像。虽然他的扣子扣到最上面一颗,但他仍然面向镜头;他坐在长椅上,读着歌德;他站在一条小溪旁,如往常一般规规矩矩穿着西装打着领带。但是人们可以感觉到,这场美好的夏日小风流给他带来了刺激和鼓舞,在这个安静的黑森林山谷里,把他从消沉中拉了出来。

❇

马克斯·舍勒的书《论同情感、爱与恨的现象学和理论》出版了,书名很美。他在书中写道:"爱让被爱的一方的价值即他的本质得以闪现。爱使人能够看见。爱意越浓,世界越有价值。"这难道不美好吗?

❇

7月8日,马克斯·雷格在音乐会巡演前从迈宁根寄出了一封信:"另外,有关我的个人介绍,请您这样印刷:由音乐总监马克斯·雷格博士指导(我必须担任音乐总监)。"但是首先,每个音乐厅都得为他在舞台上准备一架伊巴赫牌三角钢琴。只有这个牌子的钢琴他才能弹奏,他这么写道。真相是:钢琴制造商鲁道夫·伊巴赫每周都向他上供俄国的帕皮罗西香烟,以此来换取他绝对的品牌忠诚度。尼古丁上瘾的雷格乖乖从命。

❋

马蒂斯夫人忍不住哭了。她来到丈夫的画室,看到他把自己那幅美丽的肖像画完全涂抹掉了。栩栩如生的精致容貌不见了,取而代之的是一副灰色的面具。她的眼睛,她的嘴唇只剩下黑色的线条。抽象主义是残酷的,特别是对被抽象的对象来说。当看到成形的画作时,马蒂斯夫人伤心地哭了。巴勃罗·毕加索正相反,他看到这幅画时颇有风度地表示赞叹,彻底被这幅《马蒂斯夫人肖像》吸引了。随后,他也开始创作自己的女性肖像画,名字叫作《坐在扶手椅里的穿衬衫的女人》,但是画面上看不出一丁点夏娃的影子。人们只能看到她的性征部位。夏娃漂亮的、尖尖的、让人联想到原始部落雕像的胸部,他画了四个。然后,夏娃也哭了。也是刚开始还能在画上看出来是她,但是现在差不多已经无迹可寻了。当立体主义画家的妻子,可不是一件让人开心的事情。

❅

1913年正是世纪之夏。7月10日,加利福尼亚的死亡谷测到了有史以来全球天气站记录的最高温度:炉溪的格陵兰农场温度计显示的56.7摄氏度。

❅

7月12日,周六傍晚,奶牛刚挤过奶,但是太阳继续藏在乳白色的云墙后面,威斯特法伦州索斯特附近的韦利农庄里传来一声沉闷的枪响。当急救人员和警察抵达现场时,二楼的农场主特奥·韦利已经倒在了血泊中。他惊慌失措的妻子在楼下的房间。特奥·韦利在去医院的路上不治身亡了。《索斯特消息报》7月16日称:"W的枪击事件调查还在进行中。据悉,法医方面已经排除了自杀的可能性。"显然,这个可能性能够很快就确定被排除了,因为7月18日报纸上报道:"检察院昨天下令逮捕了上周六晚在农庄遭遇枪击不治身亡的农场主的妻子。"29岁的特蕾泽·韦利被拘押了。她的律师要求释放当事人,但是很可惜,此时人们了解到,她因为故意枪击路过的摩托车司机,已经有多起针对她的调查了。所以她不得不在监狱里关押了6个月。但是她不是一个人被关着,12月28日《索斯特消息报》还是报道了取保候审的新闻:"即将分娩的农场主韦利的妻子在缴纳高额保释金后暂时取保候审。关于她用步枪杀害丈夫一事,司法程序正在进行中。"1月3日,在重获自由不久后,她第三个儿子弗兰茨出生了,不久之后审判程序开始了。报纸总结如下:"调查结果显示,其家庭生活并不尽如人意。"用直白的话讲:她那酒鬼丈夫每天都对她拳打脚踢,虐待她。1913年7月12日那天也是如此。一家之主因为特蕾泽拒绝和他一起去射击比赛而大发雷霆。她声称,他因为暴怒以及醉酒产生幻觉而开枪射杀了自己。但鉴定显示,这一枪至少是在三米开外射出的。用这么长的手臂开枪自杀,从解剖学上可以排除。特蕾泽·韦利深吸一口气,但仍然坚持自己的说法。

※

一切的关键在于呼吸。提出这个说法的不是发明正念的人，而是发明测谎仪的维托里奥·贝努西。贝努西是位矛盾的天才、科学家和艺术家，他高度敏感，并且喜欢追根究底，不断用新的机器把灵魂研究个底朝天。他想要搞清楚人类的时间感怎么样，以及人类如何评价颜色以及估计物品的重量。但是他最感兴趣的是人们如何泄露自己的真实想法。这位聪明绝顶的哲学家和心理学家来自的里雅斯特省，他在格拉茨（这个名字很好听）的心理学研究室工作。1913年7月，贝努西在那里发明了初代测谎仪，这个机器不检测例如脉搏或者血压这些项目，而只关注测试者的呼吸。在他的文章《谎言的呼吸》（这个标题美得像个小说的名字）中，他证明了人在撒谎前吸气的时间会相对更长。据此，他提出了所谓贝努西原则：真相的回声是深而长的呼气，谎言的前戏是深而长的吸气。

※

7月初，两位最重要的英语作家——波兰裔的约瑟夫·康拉德和美国人亨利·詹姆斯差一点就在伦敦附近遇上了。康拉德刚买了辆新的凯迪拉克牌汽车，试图用靓车来修复他在丛林里那些年的创伤。6月底,亨利·詹姆斯写信给康拉德,后者住在仅仅几英里之外的乡间别墅。信里提到詹姆斯听说了这辆新车,这辆"不能拯救性命,但是确确实实能创造人生奇迹的车"。他客气地问道,康拉德是否能在7月某个天气良好的午后把车开到他这里来,他们可以一起喝杯茶。几天之后,康拉德果真开车来了,按了门铃,让人通报。但是仆人转告他,亨利·詹姆斯不巧出门了。所以约瑟夫·康拉德带着未完成的任务,轰着油门回去了,继续沉浸在他的忧郁中。圣诞节的时候他会再送自己一辆更大的新车——一辆四座的亨伯车。但是这车也只有他一个人开。

※

阿尔伯特·爱因斯坦必须在7月13日做出一个决定。他身穿正式服装,在苏黎世火车站迎接马克斯·普朗克和瓦尔特·能斯特,他们从柏林坐火车过来,想要邀请他前往德国。他们给他提供了普鲁士科学学院的教授头衔,且没有授课义务。爱因斯坦深吸一口气,说好的——这既是真相也是谎言的回声。他之所以同意，不仅是因为对方没有任何义务束缚，可以让他潜心研究相对论以及继续探索量子力学；也因为他的表妹和情人艾尔莎·勒文塔尔住在柏林。

❖

7月13日，第二次高空飞行在瑞士拉开帷幕。凌晨4点07分，太阳刚刚升起，奥斯卡·比德在伯尔尼登上了他那架白蜡木制造的飞机，准备成为飞越阿尔卑斯山的第一人。他计划从伯尔尼径直飞到米兰。他驾驶着单座飞机，按照设定的航线将要飞越3 500米高的少女峰。两个小时之后的6点07分，比德成功飞越了山顶。当他临近中午降落在米兰时，成功落地的飞行员受到了人们的热烈欢迎。从技术上来看，这次飞行是自从汉尼拔以来最重要的飞越阿尔卑斯山的壮举。

❖

7月13日，阿图尔·施尼茨勒打算在午休时间拜访一位年轻女士，是他几天前在一家咖啡馆里认识的，她的笑容十分调皮。他按了门铃,没有人开门。他拿出自己的名片,拔出笔,写了段简短的问候。当这位女士晚上回家的时候会看到这些字样:"阿图尔·施尼茨勒博士若干次按铃无人回应,下次若有机会再登门拜访。"

✼

阿尔弗雷德·魏格纳穿越格陵兰岛之行变得一眼望不到头。现在还没有人知道这次行动会成为一次壮举还是会以失败告终。冰冷的风吹着探险队的脸,所有人都精疲力尽了,他们每天只能前进几英里,而且休息得越来越频繁。最后在7月初,他们不得不将最后一匹一直负重前行,并坚持到现在的冰岛马格劳尼也射杀了。让这一切更具悲剧色彩的是,在冰原上穿行半年后,下一块绿洲就在三个小时的路程之外。"在经历了漫长的冰天雪地之后,再一次把脚踩在大地上,踩在真正的土地上,看着大片的花在风中摇曳,欣赏着黄蜂和蝴蝶,听着鸟的叽叽喳喳,这种感觉真的相当奇特。这片在冰川边缘的冰碛平原对我们来说就像天堂一样(正常人肯定会觉得这里一片荒凉)。"魏格纳记录道。但是,天气又冷了下来,又下雪了,探险队的食物已经耗尽,阿尔弗雷德·魏格纳在日记本里写道:"人们可不能在7月初冻死啊!"7月11日,四位男性把一条狗宰杀了来果腹。他们在岸边搭了个小棚屋,外面下着冻雨,他们陷入了绝望中,大家都有了水泡、炎症,放眼望去见不到人影,也没有可以宰杀的东西。阿尔弗雷德·魏格纳恐惧得要命。但是,7月15日,他们突然看到一艘船经过这个被遗忘的海岸,是乌佩纳维克的牧师开姆尼茨开着船到这片冰原来接教徒去上课。他们大声求救,呼喊着跑向岸边——他们得救了。

❁

7月15日,同一时间,弗兰茨·黑塞尔和新婚妻子海伦以及自己的死党亨利-皮埃尔·罗谢(后者答应了不染指海伦),去了巴黎第七区的一家小餐厅。在桌上,弗兰茨只和皮埃尔聊天,一如7年前他们成为朋友时那样。他不关心自己的妻子,除了在结束之前简单问了句她是不是还要一个甜点,就没有别的话了。她拒绝了,然后决定要以自己的方式给这个屈辱的晚上画上句点。10点半左右回家时,他们路过塞纳河上的铸币水坝闸,这两位男士还在继续旁若无人地聊天,母姓为格伦德的海伦·黑塞尔,跳了下去。她头朝下翻过了铁栏杆,然后一头扎进了湍急的塞纳河里。男人们震惊地叫喊着,朝岸边跑去,但那里只剩下海伦的帽子——一顶华丽的、装饰繁复的帽子,是婆婆送的礼物——但不见海伦的踪影。现在连弗兰茨也慌了。而海伦一直在潜水,直到游到闸门旁的一个梯子旁。她在那里冒出了水面,罗谢——而不是弗兰茨——把他的大衣抛了下去,将她拉了上来。她哆嗦着,水顺着头发滴下来,所有人对这个情况和这种新的微妙关系都有点糊涂。他们坐车回到舍尔歇街,弗兰茨烧水准备泡茶,认为这是他作为丈夫的义务。其他时候他彰显自己丈夫角色的方式也颇为不同寻常。之后他和海伦去法国南部蜜月旅行,他邀请了另外一位客人加入:他的妈妈范妮。二人同行的这几周绝非美妙时光。在旅途中弗兰茨只和母亲说话,就像以前只和罗谢说话一样,对海伦则置之不理。她在日记里记录下自己是如何第一次对丈夫不忠的:对象是图卢兹博物馆的罗马皇帝路奇乌斯·维鲁斯的半身像——一个壮实、洋溢着男性气质的家伙。当弗兰茨·黑塞尔和他的母亲在隔壁展厅里欣赏油画时,她贴着路奇乌斯·维鲁斯的耳朵,低声说道:"我爱你。"

特吕弗之后把罗谢写的那本关于弗兰茨、海伦和自己的小说拍成了电影,取名为《朱尔与吉姆》。他删掉了和婆婆的那一段,而是重点刻画了塞纳河的一跃。罗谢还在夏天独自一人留守巴黎,并着手写自传,《唐璜》这个名字起得漂亮。他当然不会永远坚守自己的誓言,即不碰野性的海伦。但弗兰茨也不会因为这个真的和他生气。分享爱人这件事情对他们来说太平常了。一开始是弗兰齐斯卡·冯·雷文特洛,她是慕尼黑艺术家圈子里的美丽的女伯爵,从弗兰茨身边转投了罗谢的怀抱。然后是巴黎的画家玛丽·洛朗森,从罗谢投向了弗兰茨,这之后又到了诗人阿波利奈尔身边。接着在纽约,罗谢继续和另外一位朋友践行这个三人行原则,即马塞尔·杜尚。巧合的是,把杜尚的《论象棋》翻译成德语的正是海伦·黑塞尔(纳博科夫《洛丽塔》的德语译者也是她)。

❄

这个7月,皮特·蒙德里安在巴黎创作了两幅重要作品《画作1号》《画作2号》。对他来说,一个新纪元开启了:抽象主义。那些冬天他还在画的那些树,化成了立体交错的形状。蒙德里安彻底找回了自己。

他为《神智学》杂志写了一篇谈《艺术和神智学》的文章,文中他清楚地说道,艺术的演变过程和神智学的演变完全一样。但是编辑认为这篇文章"太过激进",拒绝刊登,文章就此下落不明。

❄

1913年夏天,柏林有200万人口,7 900辆私家车,3 300辆出租马车和1 200辆出租汽车。但只有一位皇帝。

❄

7月17日,罗伯特·弗罗斯特在伦敦附近的比肯斯菲尔德,思考他应该选择哪条路,拒绝哪条路。他现在39岁了,是从美国移民过来的,带着妻子和四个年幼的孩子。他结识了埃兹拉·庞德,但后者让他感到害怕。弗罗斯特曾经当过农场主,但是没成功,他放弃了教书工作,但是还没有勇气自称诗人。不过《未选择的路》里的绝妙诗句已经在他的脑海里成形:"森林里分出了两条岔路 / 我选择了人迹更少的一条 / 从此人生截然不同。"7月17日,他非常不可置信地给一位朋友写信:"我想我写出了诗。"

❋

瑞典医生阿克塞尔·蒙特的妻子名叫乌尔蒂玛,字面意思是"最后一位",但她其实是这个男人的第一位妻子。乌尔蒂玛喜欢雨天,因为当下雨时,水会漫过街道,就算是巴黎大道上的优雅女士也得提起她们的半身裙。乌尔蒂玛喜欢露出她的脚踝,即使蹚水走路总是会毁掉她最漂亮的鞋子。但是说乌尔蒂玛是最后一位妻子也是有道理的,因为这是阿克塞尔·蒙特最后一次尝试屈服于市民阶级的传统。事实上,这场婚姻从来都不是完整的,就像他写的那样,"它只是婚姻共同体的假象,完全有悖于我的整个天性,顺便说一句,这意味着天性比法律更贞洁"。蒙特从巴黎搬到了卡普里,从此再也没有离开。这里总是微风阵阵,即使7月也是如此,他稻草般金黄的头发被吹到脸上,他不厌其烦地把头发夹到了耳后。爱一个女人,爱着她的一切,甚至因此承担类似于婚姻义务的东西,这不是阿克塞尔·蒙特医生对自己的人生规划。蒙特宁愿一遍遍阅读阿图尔·叔本华和他那本《作为意志和表象的世界》,这完全符合他的口味,比如这一段:"性爱在不同阶段和细节上起着重要作用,当人们仔细观察这些作用时,便不由得感叹:为何要发出动静?为什么要催逼、咆哮、焦虑和感到窘迫?这个事情只不过是每个张三找到自己的那个婆娘。"阿克塞尔·蒙特找到的是卡普里。他承认,他需要的只是刷白的房间,有一张床、一张桌子、几把椅子和一架钢琴,窗外的鸟鸣,以及——这是唯一的要求——"远处海浪的声音",当他在那不勒斯前面的那座小岛安顿下来的时候,他这么写道。在山上的阿纳卡普里发现了罗马皇帝提比略的别墅的废墟,他把马赛克地面清理了出来(年迈阴沉的皇帝曾经迈着疲倦的步伐在上面行走),并在上面造起了自己的圣米凯莱别墅,明亮洁白,可以望见大海无垠的蓝色,鸟鸣不绝于耳,即便冬天也是如此,一切如他所愿。蒙特成为了出身巴登的瑞典王储妻子维多利亚的家庭医生,从那时起便往返于伦敦、瑞典、罗马和卡普里岛。大多数时间他都是独自一人,有时候也有只狗(他的腊肠犬叫瓦尔德曼),有时候有两只或者三只,偶尔还有他养的猴子。在漫长的人生中,蒙特养过獒犬、牧羊犬、柯利犬、猎犬和杂交犬。在卡普里岛上,和他生活在一起的狗越来越多,它们是他唯一能长期忍受的活物。至于人类——他只能接受病人,可以在问诊结束后打发他们回家。他在阿纳卡普里的诊所和圣米凯莱别墅成了体弱多病的欧洲上流社会的圣地麦加。这里治愈了奥地利王储鲁道夫、欧仁妮皇后、亨利·詹姆斯、奥斯卡·王尔德、杜塞、赖纳·马利亚·里尔克,当然还有阿迦汗,他的游艇就停在大码头,而他则因为不新鲜的牡蛎而肠胃不适。蒙特一周出诊6天,周日他会在卡普里的小教堂里演奏管风琴。后来某一天,蒙特把库尔齐奥·马拉帕尔泰也吸引到了这个岛上——一位和他一样不在意外界且以自我为中心的花花公子。

他的马拉帕尔泰别墅将是继蒙特的圣米凯莱别墅之后，这座岛收到的第二个礼物，这座建筑的美将会跨越20世纪而经久不衰。

❉

奥斯卡·柯克西卡和阿尔玛·马勒从来没有像4月在卡普里岛上那么开心过。他们不需要去阿克塞尔·蒙特医生那儿看病。而现在，7月19日，这是他们原本计划在德伯林恩的市政厅结婚的日子，结婚通知已经准备好了，但是阿尔玛反悔了。她突然在信里越来越频繁地称柯克西卡为"窝囊废"，结婚的日期也错过了。几天之后，为了保险起见，阿尔玛询问住在柏林奥古斯塔皇后大街68号的瓦尔特·格罗皮乌斯，想知道这位老情人是否还爱她。他们认识的时候，恰逢阿尔玛需要和古斯塔夫·马勒分开，休养一阵。疗养的医生是个明眼人，建议她去跳舞。正如她记录的那样，在舞伴里面有一位"特别帅气的德国人，完全是《纽伦堡的名歌手》里瓦尔特·冯·施托尔青的原型"。她坠入了情网。马勒绝望地去找西格蒙德·弗洛伊德。而他也无计可施，却开了张高额账单。接着马勒过世了。接着阿尔玛哀悼了一阵。接着柯克西卡闯进了她的生活。而现在，1913年7月，她为了躲避柯克西卡逃到了弗兰岑巴德，在这里她突然有些伤感地想到了她那位德国名歌手。在经历了和柯克西卡一切的疯狂之后，她又有点想要冷静下来了。就这样，她继续着自己少女时代的梦，"用天才们种满我的花园"。格罗皮乌斯的确和她去了民政局，这和柯克西卡那次不同。但是格罗皮乌斯也没有成功地让她冠上夫姓。直到弗朗茨·韦费尔才做到了这一点。当时他刚满23岁，1913年夏天在阿尔玛·马勒刚和柯克西卡分手，投入格罗皮乌斯的怀抱时，他在莱比锡库尔特·沃尔夫出版社出版了自己的第一本诗集《我们是》，书名充满了希望。

❋

7月21日，这个时代最不同寻常的女性在蒙特卡洛香消玉殒了：艾玛·福塞斯-科埃，又名"艾玛女王"。她是如何离世的人们并不清楚，这几天，权威的报纸报道是因为一场悲惨的汽车交通事故。其他消息也同样言之凿凿，称她死于心脏病发。第三方消息称，她是被枪杀的，和她的丈夫——德国商人卡尔·保罗·科尔贝一样。他正是在7天前，同样也是在蒙特卡洛意外离世了。这一切都轰动一时。唯一确凿的事实是，一位柏林的年轻女演员至少和艾玛女王的丈夫突然死亡这件事有关。因为他临死之前在摩纳哥酒店曾和一位女士见面，后者信誓旦旦地宣称自己原本是卡尔·保罗·科尔贝的未婚妻，甚至是妻子。她在杂志上看到了传闻中在南太平洋下落不明的未婚夫科尔贝的照片。这位年轻的女士和科尔贝先在酒店吧台碰了头，然后有人看到他们上了一辆候着的汽车，朝着岸边驶去。不久后，他死了，她消失了。而7天之后，艾玛女王也死了。一切都迷雾重重。他们是一年前才在柏林结婚的，5月才来蔚蓝海岸旅行，辗转尼斯、戛纳、蒙特卡洛享受生活。欧洲的八卦小报里争相报道他们时髦的亮相，因为艾玛女王是一个传奇人物，她毋庸置疑是19世纪末最美丽的女性之一，当然也是最精明的女企业家之一。

她出生于南太平洋，母亲是萨摩亚公主，父亲是美国的捕鲸者。她从12岁起就以传奇的美貌著称，而自从前往旧金山上学之后,传奇的美貌之前又加上了聪明睿智、心怀天下这些修饰词。从旧金山回来之后,她在父亲的贸易公司工作,接着和第一任丈夫前往米约科小岛旅游,这是巴布亚新几内亚附近约克公爵群岛的一部分。那里只剩下了十一位居民,之前刚有两位被食人族部落抓走并吃掉了。有一次艾玛也被食人族绑架了,刚要被运走的时候,她的丈夫带着保镖来了。从此以后,土著们退回了人迹罕至的山区,艾玛和她的丈夫对这片土地进行耕种,并且坚持纯素饮食。五年后这个小岛突然成为了德国殖民地,改名为新劳恩堡。德国委派的总督古斯塔夫·冯·厄尔岑惊讶地发现,这片丰饶的土地大部分都属于艾玛·福塞斯-科埃,也就是我们的艾玛女王。因为她出场时气派十足,几内亚的岛上居民就这么称呼她。她不断购入土地,经营椰子种植园,然后通过生意获取利润,积累了越来越多的美貌、财富和影响力。她在德国总督府附近建了一处宏伟的庄园以庆祝盛大的节日,自此之后她被当作了南太平洋上的秘密皇后。她抽烟,像男人一样,抽得多且享受,每天喝两瓶香槟,弹奏钢琴,经常引用歌德的作品,俘获每一位她想要拥有的男性。她1912年和比她年轻15岁、油画般精致帅气的保罗·科尔贝结了婚,他是德国在几内亚公司的高级员工,身材高大,满头金发。她随着丈夫搬去了柏林,把她的土地卖给了"汉堡南太平洋股份公司",获取了大笔财富。她用这笔钱在蒙特卡洛购置了一套房子,但1913年潮湿又炎热的7月,艾玛女王和她的国王保罗的帝国突然在这里覆灭了。

❋

7月26日,黑森林梅斯基尔希的《人民报》报道:"周六从弗赖堡传来了一则让人欣喜的消息。马丁·海德格尔——本地教堂司事海德格尔之子,以优异成绩荣获哲学和数学博士学位。据我们了解,海德格尔先生接下来将潜心创作一本重要的科学著作。祝他好运。"

❋

当然,所有人都在奋力创作这一年的年度作品:毕加索的拼贴画里贴满了现实,马蒂斯画出了渴望的色彩,马克的画里和平永驻,马尔克的马匹成堆,蒙德里安、库普卡、马列维奇用上了抽象主义。但是1913年的年度画面出自现实之手。事情是这样的：7月26日到27日的夜里，在伊尔霍沃到诺伊尚兹的路段，最后一辆载客火车驶离了埃姆斯兰的希尔肯布罗克停靠站。钢制的弗里森桥是一座横跨埃姆斯河的平转桥，在船只通过之后还没有回转，信号标志牌仍然是大大的振聋发聩的"停"。大概离缺口处100米时，火车司机意识到了错误——他看到了张开大口的深渊和面前通往虚空的桥面。他刹车、刹车、再刹车——最后只有火车头和第一节主动轴悬在了埃姆斯河面上的缺口处。火车的其他部分仍然牢牢卡在桥上，因为火车头和煤水车之间的连接件是德国精工制造，所以撑住了车身，没有坠入河中。火车司机和司炉工从车头跳到了后面的车厢。火车头摇摇晃晃地往前猛冲，悬挂在深渊上方，在信仰进步和科技的时代，安全的轨道和无可逃避的死亡用一种非现实的方式融入彼此：这是1913年的年度画面。

"女性的浅棕色,蹒跚走向男性的深棕色。"戈特弗里德·贝恩在诗中写道。恩斯特·路德维希·基希纳的照片展现了这句诗的画面

8
月

俄罗斯芭蕾舞团在巴黎和伦敦获得满堂喝彩,接着,佳吉列夫和他年轻的明星尼金斯基在7月底前往巴登巴登休养,下榻在斯特凡娜勒斯班斯(现在名字叫布伦纳公园)酒店。俄罗斯芭蕾舞团8月15日启航前往南美巡演,在这之前,他们想稍事休息。这位俄国经纪人和他年轻的小伙子躺在沙发上,在公园里闲逛,抽烟,喝酒,放松。他们在巴登巴登发现了什么?约翰·塞巴斯蒂安·巴赫。他们想要用带有洛可可时期宫廷庆典的华丽风格的巴赫音乐,来创作芭蕾舞表演。在酒店的沙龙里,一位年迈的德国钢琴家不得不坐在三角钢琴边,整天为他们俩演奏巴赫的曲目。一周之后,这两位知道了自己想要什么:从《平均律键盘曲集》中选一部分,从《C小调赋格曲》中选一部分,再加上其他内容。为了更好地理解时代精神,他们1去参观了巴洛克和洛可可的城堡和教堂,看了十四救难圣人圣殿、布鲁赫萨尔和维尔茨堡宫。在横跨大西洋之前,尼金斯基在7月末参观的最后一件艺术作品是维尔茨堡宫里的提埃波罗壁画,描绘的是弗里德里希·冯·巴巴罗萨和贝娅特丽克丝·冯·布贡德的婚礼场景。那时他还不知道这意味着什么。佳吉列夫和尼金斯基此时还不知道,在维尔茨堡和巴登巴登,是他们此生最后一次相见。

※

太阳悬在高空,金灿灿的,微风阵阵,恩斯特·路德维希·基尔希纳强壮的上身晒成了深棕色。当他坐在费马恩岛的沙滩上画画时,有时会穿一条轻便的夏天的裤子,敞着亚麻衬衫;有时候干脆不穿。他的爱人兼模特埃娜·席林通常是近乎赤裸的,她的脚在温暖的沙子里玩耍,浑然忘我。当基尔希纳在为她作画时,她完全没有意识到,因为他反正一直都是这样。基尔希纳在这个夏天又找回了自己。他把柏林抛到了身后。那个庞大的、疯狂的、喧嚣的、向前冲锋的柏林。在这里的沙滩上,一点儿都听不到电车拐弯时轮胎摩擦铁轨的嘎吱声。这里没有"赶死"一般匆忙穿过人行道的市民,这里没有一天发行三次的报纸,这里晚上既没有歌舞表演,也没有格哈特·豪普特曼或者弗兰克·韦德金德的作品首演,或者玛塔·哈里的舞蹈演出。这里的晚上只有一杯葡萄酒,人们躺着,陷入沙滩,远方的夕阳缓缓沉下。埃娜慵懒地躺在他的怀里。他对她的兴趣又来了,虽然他们刚从床上起来,他们现在住在灯塔守护员的客房里。但是之后基尔希纳又去潜水了,因为在岸边有一艘搁浅的船,现在已经四分五裂了,他取回了几块不错的船舱板,过几天可以用来做雕塑。

第二天早上有访客从柏林来了,是他的朋友——画家奥托·米勒和他的马施卡。5月,艺术团体桥社解散了,但是现在,在这个夏天,基尔希纳不再因此而流泪了。他感觉到,柏林的离心力,那股把桥社画家从感性而脱离时代的德累斯顿吸引过去的力量,太过强大了,但凡有东西没有在最深处焊成一块,这该死的城市就会把他们弄得分崩离析。埃里希·赫克尔和卡尔·施密特-罗特鲁夫还过不去解散这道坎,他们认为基尔希纳的我行我素是罪魁祸首。奥托·米勒对这些不感兴趣。和基尔希纳待在海边,和他一起游泳,和他一起画画,他很开心。马施卡和埃娜相处融洽,米勒他们才刚到,她们便赤裸着奔跑,沿着一眼望不到头的沙滩跑了几乎有一公里,用脚踢起浅浅的水花。然后基尔希纳取来了他的照相机,拍下了被埃娜和马施卡围绕的米勒,拍下了他们朝着涨潮的大海走去的样子,拍下了当浪打过来的时候他们高高跳起的样子,以及他们潜入大海的样子,风干的盐渍在夏天的身体上留下了漂亮的白色痕迹,让头发变硬。"肉体,赤裸地行走/直到大海也将嘴角晒黑",戈特弗里德·贝恩用诗描绘了这个波罗的海的夏天;基尔希纳用照相机留下了这个夏天,他画下了、享受了。也许恩斯特·路德维希·基尔希纳从来没有像1913年8月在费马恩岛这里那么开心过。短短的一段时间内,他画了68幅油画,以及无数的素描。然后他拿起一张纸,写信给他的朋友,为自己和自己的体验激动不已:"在这里,我学着塑造并完成人与自然的统一。"

※

8月2日,人类总算登上了奥林匹斯山。瑞士的摄影师弗雷德·布瓦索纳、他的朋友丹尼尔·博-博伊和希腊牧羊人克里斯托斯·卡卡洛斯首次登上了这座古希腊神话中的山峰。前一天晚上牧羊人卡洛斯还在恳求这两位瑞士人放弃攀登这座2 917米的山峰,那里只有老鹰的领地,人类无法涉足。但是结果没有那么糟糕。

❊

8月,约瑟夫·科勒——德国最有名和高产的法学家,离开柏林前往波罗的海度假。但是,他不仅仅是为了看海。他那本《现代法学问题》刚刚出版——在这本书里科勒探讨了一个问题:人类现在是否有自由意志。他总结道,无论如何,谁都不能否认,人类的义务是"在自己的品格上下功夫"。在这个夏天,他自己更想要下功夫研究一个古老的法学问题:两位遭遇船难的人紧紧抓着一块船舱板,但其中只有一位能活下来。在海利根达姆,约瑟夫·科勒看着疲惫而平静的海水有气无力地拍打着岸边,人们得想象着地狱的场景才能联想到船难。他有了一个想法,立即动笔,写在为《法律与经济史档案》发表的文章中:"当拯救一位歌德的生命和一位印第安人的生命互相冲突时,人们难道不应该获得允许去拯救一位歌德吗?"唉!粗暴的德国式自我认知可见一斑。当然,科勒能理直气壮地讲这些殖民主义的胡话,当然是因为卡尔·梅一年前就离世了。卡尔·梅在22岁时就因为诈骗遭到通缉,晚年他在作品朗诵会上非常笃定地宣称自己是阿帕奇族某位首脑的后代。当卡尔·梅在彼岸狩猎时,肯定在咒骂这位柏林法学家约瑟夫·科勒渎神的行为:首先他自己当然比歌德更重要,其次,印第安人比普鲁士人更重要。

※

当格哈特·豪普特曼住在阿格内腾多夫的别墅时,每天早上都会骑马出门。他享受着清晨的凉爽,特别是在8月酷暑之时,山谷里热气蒸腾得会慢一些。但在8月11日,一块林间空地上突然出现一只大型圣伯纳犬并攻击了他的马。两位女士跑了过来,狗是她们的,然而她们也无能为力。"我和我的马也是。"豪普特曼晚上在日记本里写道。这只圣伯纳犬虽然戴着嘴罩,仍然凶狠地吼着,冲着马腿就咬。而格哈特·豪普特曼,带着新晋诺贝尔奖获得者的淡定,和对文化史以及动物品种知识的了解,心平气和地写道:"狗会本能地把马当作可以捕猎的目标,就像亚述人的浮雕上刻画的一样,国王们曾经带着这种狗狩猎马群,比如我骑的这种马。"

❋

蓝骑士弗兰茨·马尔克这几天在慕尼黑附近的辛德尔斯多夫完成了他的《蓝马之塔》。奥古斯特·马克在给他的信中写道:"把动物交给你的时间,人们在动物面前久久驻足。愿你的马蹄声经久不歇,经过无数世纪依旧可闻。"但这个夏天,马克也突然开始画马了,而且是载着士兵的马。一场演练中,马是达成目的的工具,马鞍上坐着的男人穿着德式制服。而马尔克的想法正相反:马是人类能想象的最美好、最纯洁的存在。命运开启了荒诞的嘲讽,正是这样一位弗兰茨·马尔克,一位蓝骑士,沉溺于梦想的蓝马的创造者,在第一次世界大战里倒下了。恰巧是在一次骑马侦察任务中,他被手榴弹击中了。而且,隔天,这位36岁的德国最重要的画家本会被免除兵役,以便他全身心投入自己的艺术创作中。但是那时候,他已经在天堂了。

奥古斯特·倍倍尔原先是门把手制造商,精通生意,这让他成为德国社会民主党任何时代、任何高阶职位的一流人选。1913 年,他作为社民党成员代表汉堡第一选区成为了德国帝国议会议员。但是人们对他的尊重和敬仰首先是因为他为社民党发声。但 1913 年 8 月 13 日,他不得不永远地离开了:在瑞士帕苏格疗养的时候,他因心脏病发逝世了。这个死讯震惊了整个欧洲。这个夏天,罗莎·卢森堡在斯图加特附近的日楞布赫克拉拉·蔡特金家做客。在倍倍尔离世的那天早上,天空飘着细雨,她在屋后的草坪里发现了一株石头花,干燥处理后制成了植物标本;她启用了第十本标本册,并且写下了植物的拉丁名字:Gypsophila paniculata。在他离世的第二天,她在日楞布赫找到了她最急需的植物:缬草。她立刻摘了下来,拿它泡了一杯茶,并把一株茎叶夹在了标本册里,添上拉丁语名字 Valeriana officinalis,来抚慰自己的悲伤。在这个阴雨连绵的夏天,她在思考,也许自己还是应该成为植物学家而不是革命家?

8月15日，埃文号从南安普敦港口起航：这艘巨轮登记的总吨位重达11 073吨。船上载着一批珍宝：俄罗斯芭蕾舞团的全部人马。继欧洲之后，俄罗斯的舞蹈演员们现在想要征服南美。但是年轻的匈牙利舞蹈演员罗慕拉·德·普尔斯基担心地发现，佳吉列夫和尼金斯基都不在船上。8月16日，尼金斯基带着6个箱子和他的仆人瓦西里在法国瑟堡登上了船，但佳吉列夫仍然没来，在巴登巴登的时候他决定要保全自己。一位女占卜师预言，他不宜乘船出行，否则将会大难临头，他因此非常恐慌和焦虑。另外，他对南美洲也缺乏兴致，宁愿在威尼斯休息，于是便把自己的舞团送出去赚钱，而自己这位经纪人不去。

对舞蹈演员来说，20天的海上航行是悠长的假期。阳光明媚，他们得到了无微不至的照顾，可以在过度紧张的欧洲巡演之后好好休养。他们只有早上和晚上会聚到一起，做些体操、简单的放松练习、力量训练。《春之祭》的整个常规阵容都在船上，除了3位年轻的女舞蹈演员,她们在巴黎彩排的时候就怀孕了。23岁的罗慕拉·德·普尔斯基有个大胆的计划。她想要把同性恋的尼金斯基从所有的男性怀中,尤其是从佳吉列夫的怀中解救出来。而这次航行中,这位24岁的舞蹈演员身边没有那位年长的爱人、照顾者、伯乐和权威者,这对她来说是天赐良机。罗慕拉让她的女仆安娜住在二等舱,而给自己定了间一等舱,斜对着尼金斯基的房间,以便监视对面的动静。白天,她总是在甲板上一趟趟绕着圈子,设法靠近她思慕的对象。尼金斯基为人高雅、内向、缄默,经常坐在甲板椅上,吹着暖风,读托尔斯泰和陀思妥耶夫斯基的作品,穿着浅色的整套西装或者蓝色的西装配白色的裤子。他远眺辽阔的海面,眯着眼看太阳,打瞌睡。下午他在甲板下面继续研究约翰·塞巴斯蒂安·巴赫那支芭蕾舞,这项工作在巴登巴登就开始了。罗慕拉过来了,静静地看着。服务生过来想要请她离开,以免干扰大师跳舞,尼金斯基摆了下手,默许她留了下来。允许留下——这是一切的开端。然后,某个夜晚,月色皎洁,尼金斯基身穿燕尾服站在船舷栏杆旁,拿着一把装饰着一朵金色玫瑰的黑色小扇子扇着风。这时候，一位名为沙韦的法裔阿根廷时尚设计师走近了。他看到尼金斯基如此忧郁地站在那里，左边是年轻的罗慕拉，便用法语问道："尼金斯基先生，可以允许我向您介绍普尔斯基小姐吗？"他获得了允许。只不过尼金斯基只是轻轻地侧了侧头，看上去和《牧神午后》海报上的一样。没有人开口说话。这时，罗慕拉结结巴巴地开口："您把舞蹈提升到了不同于一般艺术的境界。"沙韦翻译道。接着又是沉默。尼金斯基看了一眼这位年轻漂亮的女士的眼睛，然后目光落到了她的小戒指上。她取了下来，告诉他，这是一个护身符，是妈妈在她跟随俄罗斯芭蕾舞团启程之前送的礼物，希望能给她带来幸运。尼金斯基接过那个戒指，仔细端详了一番，然后把它温柔地套到了罗慕拉的手指上，说："它会给您带来幸运的，一定会。"可以把这个当作订婚吗？

接着，这三位继续在甲板上散步，海面在暗夜中闪闪发光，无尽的宁静笼罩一切。这艘船刚刚经过了赤道。罗慕拉和尼金斯基抬头望向星星，那些在北半球没有见过的星星。他其实不会法语，她不会波兰语和俄语。但是他们以某种方式理解了对方。在静默中观看了上空的南十字星许久之后,他们小心地告了别,回到了床上。

两天后,俄罗斯芭蕾舞团的领舞金茨堡来找罗慕拉,急切请求和她谈一谈:她为自己跳得不够好而感到焦虑,无法参加在南美的演出。但接着罗慕拉听到了一件完全不相关的事:"罗慕拉,因为尼金斯基没法和您说话,他请我替他问您,您是否愿意嫁给他?"罗慕拉脸红了,眼泪涌了出来,她跑回自己的船舱,她的女仆安娜搂着她,仔细地替她梳理那一头长发,梳了很久很久。这时,尼金斯基突然敲了门,用上了他会的所有法语词,激动地问道:"小姐,您和我,愿意吗?"而罗慕拉只能结巴着说:"愿意,愿意,愿意。"然后他牵起了她的手,他们走到甲板上,天色渐晚,他们在舰桥的两把椅子上坐了下来,再次望向了无尽的星空。他们沉默着,在这个热带的夜晚感受着幸福。第二天早上,8月31日,船在里约热内卢港口靠岸了。尼金斯基和罗慕拉两位仍然觉得幸福来得不可思议。他们找到珠宝商,在戒指上刻上名字,晚上又重新登上了船,受邀在船长桌进餐。船上一片哗然。尼金斯基这位上帝和佳吉列夫的宠儿,还真不是同性恋？这位天资平平的匈牙利年轻女舞蹈演员是怎么迷倒他的，甚至他们完全没法对话？

❋

马塞尔·普鲁斯特本来应该操心他的校样。本来。但是他患上了相思病。他仓促地逃离了炎热的巴黎，前往位于诺曼底的海滨胜地卡堡，下榻在格兰大酒店，414号房——和往常一样。8月3日《费加罗报》的专栏《海边相遇》报道了普鲁斯特的到来。没有提到的是阿尔弗雷德·阿戈斯蒂内利也来了，因为他明面上只是普鲁斯特的司机。普鲁斯特1907年在卡堡认识他的时候，他是名出租车司机，普鲁斯特随即在一篇文章中将他称为"信奉速度的朝圣者或者不如说是修女"，让他以这种方式永垂不朽。他用这个比喻，显然是想要禁锢自己不贞洁的想法。但是这当然没有奏效。阿戈斯蒂内利在1913年春天因为失业而联系普鲁斯特时，后者立刻聘请了他。麻烦的是，他已经有一位司机奥迪隆·阿尔巴雷，也不能随意解雇对方，但是他不想要错过这个让阿戈斯蒂内利留在自己身边的良机。所以普鲁斯特让这位原本开出租车的人当了秘书。他可能是这么想的,机器都大差不差,随后便请新秘书把《追忆似水年华》里那成堆的无法辨认、无法理解的手稿和校样的修订版本整理出来。他让阿戈斯蒂内利和他的妻子安娜搬进了奥斯曼大道102号的大房子。而当普鲁斯特8月初想要前往卡堡时,他给原来的司机放了假,带着阿戈斯蒂内利一起出发了。刚到这个海滨胜地,在一次去乌尔加特远足时,他决定和爱慕的司机直接返回巴黎,那里的房子现在空了,成了不被打扰的空间。普鲁斯特在给朋友的信里隐晦地坦诚了自己"因为阿戈斯蒂内利"而陷入了彻底的混乱,提到他这几天快要精神崩溃了,他的爱情让他疯狂。悲剧的是他又一次爱上了一位原本是异性恋的男人。他不断给朋友写信,并一直请求对方不要和任何人提起他的秘书,就像不存在这个男人一样。普鲁斯特完全昏了头:"我把胡子剪了。"他在给朋友维孔特·道尔顿的信里写道:"为了改变我的外貌,取悦这位再续前缘的人。"这个举动是否足够让阿戈斯蒂内利允许他上自己的床了?总之,普鲁斯特赠予他和他的妻子的金钱数额高得吓人,高到让普鲁斯特卖掉了一半的荷兰皇家石油公司的股票。

※

8月18日,蒙特卡洛著名的赌场里发生了一件令人难以置信的事情:轮盘赌桌上的球连续26次落到了黑色方格里。在这个夜晚,众多穿着燕尾服的男士损失巨大,因为从第16、17、18次开始,他们在红色方格上押的赌注越来越重。他们坚信根据概率,现在要轮到红色了。这个夜晚写进了博弈论的历史,被称为"赌徒谬误"。因为即使到了第26轮,就算所有在场的人都不愿意相信,出现红色的概率仍然是不多不少50%。可是球没有记忆,而且也不存在用于补偿的公平。但是球连续26次落在黑色方格里,这个概率其实是1.368亿分之一。

※

《海狼》的作者杰克·伦敦去年才清醒过来,甚至清醒了几个月,这是多年以来的第一次。原因是在这次沿着整个美国西海岸的航行中,酒喝完了,毒品也弄不到。他这次出行是和第二任妻子夏米安一起的,他们现在正在返回钟爱的农场途中,回到她的美丽牧场以及他建造中的"狼穴"。让他欣喜若狂的是他们在旅途中有了一个孩子,拥有一个可以接手农场的继承人这个梦想似乎指日可待了。但是当他们再次回到加利福尼亚的时候,夏米安失去了这个孩子,而杰克·伦敦失去了他的支柱。他又开始喝酒,吸食鸦片、海洛因,完全放任自流。连夏米安也陷入了绝望,认为她可能再也怀不上孩子了。

于是他们两位现在越发把精力投到农场上,想要提高土壤的肥力。杰克·伦敦希望还是能够在农场里给自己的生活创造某种意义,他想要用写作来支撑农场,而不是反过来。正好在妻子流产之后,杰克·伦敦买了一头种公牛以及一头获奖的母牛,为日后大量繁育娟姗牛打下了基础。他喜欢动物,也喜欢育种,他想要改良动物和土壤。他对待植物也比对待自己的身体要精细得多:"简单来说,我在尝试做的正是中国人迄今为止做了四千年的事情,不使用化学肥料耕种土地。我们的垦荒者之前在加利福尼亚铺张浪费的耕作方式摧毁了这片土地，我要改造这些失去肥力的山地。"因此，杰克·伦敦在1913年建立了（也许是）世界上第一个有机种植的农场（如果不算那些在真理之山上赤身裸体种植蔬菜的农民）。那栋完全和自然融为一体的建筑，那栋被称为"狼穴"的房子本应该是为杰克·伦敦的天堂加冕的作品。1913年的春天和夏天，杰克和夏米安全身心地扑在这项两年前就开始的建筑项目上，二十三个房间，纯木构造。8月22日，在计划好的乔迁日的前两天，整栋房子被熊熊大火吞没了。因为木质地板刚用松节油清洁过，所以当杰克·伦敦夜晚匆忙赶来想要灭火的时候，这栋房子和他的人生梦想都在浅蓝色的火焰中爆炸了。

不久之后，杰克·伦敦经历了一场血淋淋的盲肠切除手术，医生趁着这次机会告知他，因为过量饮酒，他的肾即将坏死。两周之后，他的牙医为了遏制牙龈牙周病的蔓延，把他的上排牙齿都拔除了。所以1913年对杰克·伦敦来说是灾年。房子失火使他在财务上彻底破产，现在他已经提前预支了十八个月的收入。他必须尽快赚钱，于是忍着身体巨大的痛苦，继续写作。伦敦把七部小说的电影改编权卖给了好莱坞的博斯沃思电影公司。他们把这些著名的小说拍成了默片,然而并没有激起水花。所以他必须尽快发表新的小说。在炎热夏季的绝望的夜晚,当他的生活似乎完全被火焰吞没的时候,他写出了《大宅中的小妇人》。这本书应该是对狼穴的赞歌,赞扬科学经营的农业和性爱。"这部小说到处都是性爱,从头至尾。"他带着熟悉的男性的大汗淋漓,在给《时尚》杂志编辑的信中写道——他和这个杂志签订了独家合同。"书中虽然没有真正描写性爱的冒险,一丝一毫都没有,但是它里面隐含着性的全部贪婪以及力量。"事实上,这本小说里隐含着巨大的无力感和绝望感,小说的女主人公葆拉和男主人公迪克·福里斯特因为无法生育饱受折磨(注意"Dick Forrest"这个名字!)。他刚把这本书写完,就又得去拜访波特医生了,肾和膀胱的痛苦让他无法忍受,医生给他开了新的麻醉剂,另外还有吗啡和颠茄的混合制剂,以及海洛因和马钱子碱的混合制剂。吗啡和海洛因带来了短期的积极效果——他开始大幅减少饮酒量,并且立刻开始写一本关于酗酒的书:《约翰·巴雷孔》,德语版本的名字是

《酒精国王》——更为贴切,主题是他自己的酗酒经历。《纽约时报》评论道,本书"也许是伦敦写过的最生动的作品"——好吧,至少是最真诚的一本。他在书里宣称,虽然他在大量的酒精里消磨了生命,但是这并不是享受。本书的主旨是:酒精是恶魔,这种传统有助于男性社交,但是最终会导致上瘾和毁灭。至于女性,好吧,杰克·伦敦希望借助妇女投票权让女性禁酒。

在吸毒狂欢的那些夜晚,杰克·伦敦开始在另一个世界越陷越深,远离自己破败的身体、伤心的婚姻、烧毁的房子、高筑的债台。这匹"海狼"想要成为雄鹰。他想要鸟瞰自己的人生和整个世界。至少吗啡在这一点上能助他一臂之力。他拿出一本新的黑色条纹笔记本。写上标题《最后的小说》,在第一页上写下那句震撼的临别赠言:在最遥远的星辰之外,地球曾经旋转过。

※

8月22日,在杰克·伦敦的狼穴被烧毁的那一天,弗兰茨·卡夫卡寥寥几句话便摧毁了未婚妻菲丽丝·鲍尔对生活的梦想。她刚在叙尔特岛上给他写了封信，她在那里的沙滩上看到成双结对的伴侣，于是梦想着成为卡夫卡的妻子。卡夫卡惊恐地坦白：谁想要和他结婚，就必须准备好"和一个郁郁寡欢、悲伤、沉默、不满、虚弱的人一起过修道院式的生活"。菲丽丝的父亲卡尔非常明智，他第二天就写信给卡夫卡，说对他们结婚的决定持保留意见，等他和女儿谈过再说。但女儿真心想要和这位郁郁寡欢、悲伤、沉默、不满、虚弱的人在一起，这位父亲别无他法，只能在 8 月 27 日同意卡夫卡的求婚。然而，三天之后，他就回复菲丽丝，满心恳求："把我推开吧，其他任何选择都将摧毁我们两人。"这还让人说些什么好呢？

❋

8 月 23 日，奥斯卡·施米茨认为他总算明白了要如何与女人这种可怕的物种打交道。施米茨——本年度最有名的花花公子之一，在有记录的性爱频率和口味变化方面其实只有埃里克·米萨姆能更胜他一筹。遗憾的是，恰好是他 1913 年写的那本日记没有保留下来。这位施米茨，在整个 1913 年上半年，在柏林弗洛伊德的一位学生那里用精神分析自我折磨,试图摆脱母亲的印刻和理解父亲的消化问题。8月20日,他破例在斯德丁只坐了艘蒸汽轮船,前往波罗的海东岸。这个时代的个体和集体的神经症似乎在施米茨的人生中混合到了最妙的状态,也难怪他需要一些假期了。

在赫尔辛基的海滨大道上,太阳迟迟不肯落下,他结识了一位爱沙尼亚的美人奥尔加·蒂尔加。他们一直散步直到早上5点,以免让对方认为他想把她搞上床。"她在献身和怀疑之间的挣扎让人感动,"施米茨如此记录道,并且和柏林的治疗师汇报,"在疲倦的清晨到来的时候,我觉得一切都结束了,聊完了。"但是奥尔加突然想要和他继续共度第二天,然而奥斯卡冷淡地回道:"不了,谢谢。"作为真正的弗洛伊德的信徒,他梦到自己会给她写一封信,并且刚醒来就顺水推舟地这么做了。她收到了肯定的回复。两个小时后,他们以施米茨先生和女士的名义在拉法洛酒店走进了一间带浴室的蓝色房间,她迅速梳洗了一番。然后是酒店的晚餐、虾蟹、凯歌香槟、巴赫的音乐等一整套节目。然后呢?"接下来几个小时是罕见的、圆满的销魂时光。"

然后,这位色情狂奥斯卡·施米茨在日记里向人们解释了这个流程:"首先,用突然转身促使女方发出邀请。然后,绝对不要因为同情而屈服于她的恳求。最后,当我的拒绝让局面变得不确定时,等两个小时再恳求她的同意,这样对方便不会觉得有失身份,而是又感觉自己是赠予者,是我对她又重新燃起了渴望。"这是奥斯卡·施米茨最低限度的不道德行为。弗洛伊德博士,您来看看吧!

❋

然而,维也纳贝尔格巷19号的西格蒙德·弗洛伊德博士,现在有其他的烦心事。他在为慕尼黑的精神分析大会做准备,会上将见到他的对手C. G. 荣格。弗洛伊德感到焦虑,并且他不知道应该如何压抑这种焦虑,这真是该死的职业病啊!

❋

笼统地问一句,1913年的男性和女性之间的关系地位怎么样？笼统地回答一下：复杂。双方都不清楚自己要什么。本书德语版封面照的摄影师海因里希·屈恩给朋友阿尔弗雷德·斯蒂格里茨写了封信，这位著名的美国摄影师刚刚买下了他的第一幅康定斯基作品。信中说道："那些真正对艺术有深入见解的女性们，通常疏于照管家庭和日常的厨房事务，以至于丈夫又渴求一位对艺术和文学完全一窍不通的乡下姑娘。"

当他的妻子还在世的时候，屈恩和好友斯蒂格里茨抱怨过，他只能给孩子们拍照，因为妻子不允许他拍摄其他任何模特。于是总是陪着孩子们外出拍照的保姆玛丽之后成了屈恩的情人，接着在原配过世之后，玛丽成了第二任妻子。这只能说是原配的自作自受。但是玛丽显然也想要禁止丈夫拍摄其他女性的裸体，于是便成为了他唯一的裸体模特。她用各种方式诠释乡下姑娘这个角色：在屈恩的摄影作品里，她是迷人的裸体模特、穿着传统服饰的徒步姑娘、满怀爱意朝着孩子俯身的母亲，以及身着外出套装的自信女性。她可以变化成一切。所以这个男人不需要再追求其他人了，这也是一种维持幸福关系的办法。

❋

正是在这几天,埃贡·席勒在维也纳创作了几幅最让人惊悚的女性画像:他完全舍弃了头颅,只表现身体,每每画到脖颈处就抵达了画纸边缘。裸体躯干在房间里挂着,没有头颅,披着轻薄的布,或者直接赤身裸体的,以肉色的水彩描绘纤细的轮廓。女性少了碍事的脑袋,这不是维持幸福关系的办法。

❋

8月23日,爱德华·艾瑞克森的《小美人鱼》在哥本哈根港口揭开了面纱。铜像的面容是以他的情人艾伦·普莱丝为原型创作的,她是丹麦皇家芭蕾舞团的首席芭蕾舞演员,但身体的原型则是他的妻子艾琳。这倒也是一种办法。

这时候生活还是美好的：俄罗斯芭蕾舞团创始人佳吉列夫和米西亚·塞尔特前往威尼斯。然后来了一封电报

9
月

1913这一年的文化界场面有多大呢？戈特弗里德·贝恩对此有个精确的计算。9月2日，星期二，他写信给他的朋友和出版商保罗·策希："艺术是50个人的事情，其中还有30个人不正常。"

✸

这50人中的一位，并且很可能是正常人的银行行长卡尔·施泰因巴特9月2日从柏林出发，前往莫斯拜访挪威画家爱德华·蒙克。同行的是第51号人物，即他的女儿伊姆加德，蒙克要为她绘制肖像。施泰因巴特先是随性地在蒙克那里购入了各种油画，花费34 500马克巨款。但是在回程的时候他就开始纠结了。在斯德丁火车站坐上自家汽车的时候，施泰因巴特把自己三天前花费6 000多马克买下的油画《波罗的海沙滩的清晨》搁在车顶，就这样出发了。当他到达利赫特费尔德时，这幅画不见了。9月8日，《柏林日报》刊登了一则消息："昨天晚上9点，一位先生从斯德丁火车站途经施泰格利茨前往利赫特费尔德的途中遗失了一幅非常珍贵的油画,有拾获者将获得200马克赏金。画的内容是海边风景,落款为蒙克1902。"但是这一切都是徒劳,这幅画丢了,一直到今天都没能重见天日。现在它的价值远不止6 000马克,可能要高达600万欧元。但是蒙克和他这位德国收藏家之间的倒霉关系还远没有就此结束。几周后,当蒙克为伊姆加德画的肖像抵达柏林时,施泰因巴特一家都震惊了。这位收藏家立刻写信给画家,他想要退货,他以及他的妻子包括他的女儿都不喜欢这幅画。接着他立刻把画又送到了邮局。然后,施泰因巴特甚至还要求可怜的蒙克支付15马克的运费和保险费用。蒙克,一位礼貌且精疲力尽的男人,在这个夏天觉得自己只是"褪色的古典主义者",对这件事情只会这样评价:"施泰因巴特真是个大麻烦。"

结局是,从1913年10月开始,蒙克便不再接受德国那些麻烦顾客的肖像画委托。

※

9月8日,《爱尔兰时报》刊登了威廉·巴特勒·叶芝的诗《1913年9月》。诗的主题是浪漫主义的终结和物质主义的开端，起因是都柏林这座城市拒绝接收一批赠予的现代派和印象派的艺术品收藏。而他把这个事件当作一个决绝的告别："浪漫的爱尔兰已亡、已逝。"就这样，他在往日的叠句里，敲响了死亡的钟声。

※

9月8日，卡尔·克劳斯和西多妮·纳德赫尔尼像两颗彗星一样在维也纳的帝国咖啡馆相撞了，此后他们会彼此纠缠一生。但在9月19日，西多妮就在日记里写道："摆出无法企及的姿态，以此助长男性对自身的渴望，这让人感到屈辱。让他占有我，并认清我对他而言是多么无法企及。然后他的渴求与日俱增，这时的渴求才能对我有利，只有此刻我才能摆脱他。"她继续写道："女性用亲吻和身体表达的内容并不一致，她们用嘴唇点燃了渴望，却不将其平息。这是多么卑劣。"这个理论真有意思，她似乎真的慢慢地从对里尔克深陷的痴迷中挣脱出来了。

❄

14岁的欧内斯特·海明威9月初从橡树公园和河森林高中写了封信给他的母亲,请她寄长裤过来。还有,重要的是要寄新的衬衫来,因为经常打拳击,他的胸围变大了:"每次我深呼吸的时候都会崩掉衬衫扣子。"为儿子感到自豪的母亲格雷丝·哈尔给他寄去了新包裹。她一直都很清楚,她的儿子不是循规蹈矩的泛泛之辈,并把他的每一封信和每一张纸条都贴在了一本大的皮面书里。幸亏她这么做了。

❄

9月8日,在慕尼黑的巴伐利亚霍夫酒店,西格蒙德·弗洛伊德和C. G. 荣格之间展开了一场对决,弗洛伊德一度把后者看作自己的"儿子和继承人"。这场对决的正式名称是第四届国际精神分析协会第四次大会,参会人员名单上有87名成员和嘉宾,其中包括激动的赖纳·马利亚·里尔克,他现在又陷入了对露·安德烈亚斯-莎乐美的迷恋中。但87位参会者中,这次大会其实只和其中的2位有关——这就是弗洛伊德和荣格之间的权力斗争。几分钟之后,话便传开了:荣格那帮人不再信奉弗洛伊德那一套了。简单来说,荣格认为,弗洛伊德在神经症的起因和梦的解析方面太过于痴迷性驱力了。最终,以荣格为核心的苏黎世分析师们退出了这个协会,在这之前他们成功地让荣格再次当选了协会主席。但是破镜无法重圆,当时的弗洛伊德评价荣格:"他那糟糕的理论也弥补不了他那让人讨厌的性格。"荣格则这样谈弗洛伊德:"尽管我十分钦佩他尝试的勇气,却十分不赞同他的理论和结论。"大师和他不服管教的学生在9月8日之后将再也不会相见了。

※

所有追求自由和热爱户外的人都神奇地被吸引到了阿斯科纳的真理之山,这是德国避世者的第一个海外聚居地。埃里克·米萨姆描述了这里是如何逐渐从自说自话的伦理主义者的避难地发展成一个成气候的伦理主义者集合地的。"此处被称为疗愈和休养胜地——

真理之山,因为这里的人只食用没有加工过的水果和蔬菜,我戏称为'沙拉疗养院',接着这个名字便流传了开来。我对那些住客颇有意见,称他们为'道德上的拦路强盗,各种通灵的、神秘主义的或者极端的素食主义的疯子'。"这座321米高、遍地种满无花果树和建着破败小屋的山是比利时实业家的儿子亨利·乌登科芬和爱人伊达·霍夫曼以及一些同道中人买下的。纯素食主义者、性爱大师、舞蹈家、裸体文化爱好者、佛教徒、赫尔曼·黑塞之流和施瓦本艺术圈的花花公子们齐聚在此,他们意识到信仰可以移山。这座山原本并没有名字,他们给它取名为"真理之山",没有人反对,而提契诺的官员被条顿人的改造欲望说服了,心悦诚服地把这个名字誊在了土地登记册里。

卡罗利妮·索菲·玛丽·魏格曼,一位汉诺威缝纫机商人的女儿,也有同样的经历:她把自己的名字改成英文写法,从那个时刻起她便脱胎换骨了。她曾在德累斯顿海勒劳跟随爱弥尔·雅克·达尔克罗兹学习艺术体操。1913年夏天她来到阿斯科纳,跟随伟大的舞蹈理论家鲁道夫·冯·拉班学习无音乐伴奏的表现主义舞蹈。后者第一次把他在慕尼黑的舞蹈学校搬到了这里。埃米尔·诺尔德喜欢为女舞蹈家们作画,他和玛丽·魏格曼提到了冯·拉班。就算真理之山以前就有颇多招牌：施瓦本艺术圈的分舵,毒品和精神分析的实验场所,自由爱情之地,范妮·祖·雷文特洛这类年轻单身母亲的目的地,一个人们只靠空气、爱情和蔬菜生活的更好的世界的模版。而它真的广为人知,是在这里的人开始赤裸身体跳舞之后,有赖于那所有裸体女性的照片。在她们身后,人们看到了群山以及闪烁的马焦雷湖面。身体似乎被解放了,又重新回到了身体在堕入原罪之前的身形。按照玛丽·魏格曼的说法,这是因为身体是人们必须重新学习调试的乐器。她踏上了旅途,从慕尼黑出发,搭乘火车到了洛迦诺。先是步行前往阿斯科纳,然后从那里上山。在小树林后面的女性天体浴场,她遇到了跳舞的人群。拉班给出清晰的引导："请您在灌木丛后面除掉衣服,接着走到这里。" 一切从这里便开始了。在阿斯科纳,她在日记里写道："摆脱音乐！她们所有人都必须这么做！这样动作才会如我们所愿：自由地舞动,这是纯粹的艺术。"她做到了。现在,玛丽·魏格曼在舞蹈的国度成功做到了康定斯基在抽象领域赋予绘画的,以及勋伯格在音乐里达成的东西。当奥斯卡·柯克西卡第一次看到她跳舞时,他激动地说道:"她用动作践行着表现主义。"那先锋艺术是如何产生的呢?通过动作。

❋

先锋艺术是怎么产生的呢?通过与世隔绝。至少弗朗齐歇克·库普卡是这样认为的,他是1913年除了马列维奇、康定斯基和蒙德里安之外的抽象主义代表人物,虽然生活在巴黎,就住在马蒂斯和毕加索旁边,但是他在给朋友阿图尔·勒斯勒尔的信里解释说:"当然我认识巴黎这里所有的艺术家,但是我不觉得自己得和他们打交道,我不觉得自己必须得去参观他们的画室,而他们也不想来我这里。"或者,用戈特弗里德·贝恩的诗《快速列车》里的句子来形容:"哦!然后重新和自身在一起!"或者用再诗意一些、再多几年生活体验的话来描述:"只有独处的人,才活在秘密之中。"

❈

当然，人们也可以有不同的看法。一位柏林的房东对一位年轻的女演员提出了控诉，这位房客不喜欢独处，因而经常在房子里接待男性访客。房东觉得这种情况不仅不神秘，反而令人无法接受。但是柏林的帝国法院看法不同，并在1913年9月9日做出了革命性的判决："严格禁止男性来访是对个性的限制，仅凭租赁关系并不构成做出此类限制的理由。而风俗习惯的底线，须由本人决定。若一位年轻女性想要接待男性来访，且没有因为这种来访类型对房屋名誉造成损害，则不能剥夺她在这间房屋内行使该项权利。"帝国法院给出的理由还要更明确："即使男性来访的目的有伤风化，也不会动摇法庭的决定。门关上后发生的事情和任何人都不相干。"不得不说：法律人人适用，但是道德标准是个人的选择。1913年，社会已经发展到这一步了。

❈

9月9日，弗吉尼亚·伍尔夫在萨塞克斯试图服用过量安眠药自杀。

✦

这几天,年轻的马克斯·恩斯特虽然已经是画家了,但也还是波恩大学艺术史的学生,由教授保罗·克莱门带领前往巴黎进行研学旅行。年轻的学生们参观了赫赫有名的罗丹的工作室。罗丹正在雕刻古斯塔夫·马勒的半身像,阿尔玛·马勒很开心,不再是柯克西卡,还没有轮到格罗皮乌斯,也没有轮到韦费尔来雕刻古斯塔夫·马勒。罗丹详细地介绍了石膏、青铜和大理石雕塑的区别,马克斯·恩斯特会永远铭记于心。

✦

9月9日,身处布宜诺斯艾利斯的罗慕拉·德·普尔斯基和尼金斯基前去告解,因为这两位俄罗斯芭蕾舞团的成员计划在第二天结婚。尼金斯基对着一位阿根廷的牧师忏悔许久,虽然后者一句波兰语和俄语都不会,但仍然赦免了他的罪恶。牧师听说《天方夜谭》这部芭蕾舞剧有伤风化,罗慕拉必须向牧师保证她会想尽一切办法阻止未来的丈夫出演该剧。就这么说定了！当地时间下午1点，婚礼在布宜诺斯艾利斯的民政局举行，罗慕拉身穿深蓝色打褶的塔夫绸连衣裙，腰部是一束粉红色的苔藓玫瑰；戴着一项有着弧形帽檐、飘着蓝色带子的黑帽子。她看上去非常迷人。晚上，婚礼在教堂举办，然后是《天方夜谭》的彩排，当然尼金斯基又跳了那有伤风化的舞蹈。接着他们精疲力尽地在马杰斯蒂克酒店的套房里吃了晚餐。双方都很尴尬又很兴奋，到目前为止他们只接过吻。但是在新婚之夜，罗慕拉就怀孕了。

有时候能够为新想法和新道路开辟空间、带来自由、让人摆脱日常束缚的是距离。四周前，尼金斯基还在和佳吉列夫——他的伯乐、支持者、爱人在维尔茨堡看提埃波罗的婚礼画作。而现在，只经历了一次航海旅行，之前从来没有亲吻过女性的尼金斯基突然和一位年轻的匈牙利舞蹈演员结婚了？尼金斯基也许是历史上最伟大的舞蹈家，却不是最伟大的心理学家。他给正在威尼斯度假的佳吉列夫发了封电报。正好是在9月11日这一天，佳吉列夫邀请米西亚·塞尔特这位来自巴黎的艺术资助者和沙龙明星到他的房间,为她弹奏一段音乐。威尼斯非常炎热,又湿又闷,她进门的时候带了一把遮阳伞。佳吉列夫俏皮地在房间里表演了几步舞步,然后随着节奏打开了伞。迷信的米西亚·塞尔特惊慌失措地请求他把伞收起来——在房间里打伞非常不吉利,不过为时已晚。一位服务生敲响了门,递给佳吉列夫一封电报——尼金斯基的电报。佳吉列夫崩溃了,有人悄无声息地就把尼金斯基从自己的怀抱里一把扯了出来。他立刻就想要回电报阻止这场布宜诺斯艾利斯的婚礼,想要最后一次宣示对这位俄罗斯神童的所有权,但他连这么做的力气都没有了。佳吉列夫咆哮、暴怒、恸哭、大吼。他的一切在威尼斯的这几分钟内都坍塌了:不仅仅是他作为情人和男性的尊严,而且还有他对俄罗斯芭蕾舞团的愿景,一切都灰飞烟灭了。因为一位23岁的女舞蹈演员欺骗了他,而他该死地错过了那次旅行。佳吉列夫面前,生活一片废墟:身为人的他,用他的胖手指把尼金斯基塑造成了罗丹都夸赞的完美存在,现在感觉他的作品在离他而去。米西亚·塞尔特试图安慰这位悲痛欲绝的朋友。莱昂·巴克斯特被叫来了，还有胡戈·冯·霍夫曼斯塔尔，本来他们计划讨论《约瑟夫的传奇》的演出，但是现在有更重要的事情要做。巴克斯特设计的《牧神午后》海报曾把尼金斯基塑造成了经典，现在，这位巴克斯特想要绝望的佳吉列夫先回答一个问题：尼金斯基是否在巴登巴登，在他出发去南美之前，是否买了新的内裤？因为如果是这样，他一开始就计划好私奔了，这是巴克斯特的想法。佳吉列夫气急败坏，请大家不要再拿内裤的事情烦他，他现在非常绝望，没办法思考这些无稽之谈。显然，那个占卜师的预言是对的，乘船旅行会给他带来灾难。

米西亚·塞尔特——熟悉迷信和人性幽微的善心女士——拉着被抛弃的人，把他拖上下一辆火车，一起前往那不勒斯。她迅速意识到，这么伤心的人不能在威尼斯这座忧郁之城度过闷热的晚夏。他必须回到生活中，回到纷乱之中，他必须去那不勒斯。在那里，她安排了许多热情似火的年轻小伙子日日夜夜转移佳吉列夫的注意力，希望这样可以稍稍消解下他受到的屈辱。当然，这都是徒劳，因为自尊心受挫是世上最强大的力量之一。它会制造最大的混乱、最大的阴谋、最大的英雄事迹，但也会导致最大的矛盾。

❇

1913年9月15日，瓦尔特·本雅明刚刚从1900年前后的柏林童年中脱离，他在柏林代尔布吕克街23号写信给他的女朋友卡拉·塞利格松："不断地为纯粹的精神抽象性而震颤，我愿称其为青年常态。然后，(如果我们不把自己看作某种运动的纯粹苦力，)如果我们让视线不受遮挡，去观看精神，无论它在哪里，我们都会成为那些实现这种精神的人。几乎所有人都忘记了，他们自身就是精神自我实现的地方。"这就是《1913年前后的柏林青春》。

❇

9月18日，杰克·伦敦最大的心愿得到了响应：女性们开始对酒精宣战。但是在矛头转向男性之前，她们自己身上先出现了矛盾。冬天,男爵夫人古斯特尔·冯·布吕歇尔试图在莱比锡新的民族之战纪念碑旁建设戒酒妇女之家的举动还遭到了嘲讽。

但是德国禁酒妇女联盟的主席不会轻言放弃。她的逻辑是:如果纪念碑要让人们铭记德国人抗击外部的暴君拿破仑从而获得解放的历史,那么人们也急需某个象征来代表抗击内在暴君酒精,从而获得解放。3月11日,路易斯皇后之屋,即禁酒妇女之家开工;9月18日,这栋漂亮的房子就在莱比锡施特滕里茨区竣工了。地址就在南区墓园的大门正对面,这显然也是再次和酒精成瘾的女士们强调,事不宜迟。屋子里面提供茶水,屋外只能按壶点单。

❋

当柏林人结束海滨假期返回首都时,将听到一个轰动的消息:首届德国秋季沙龙即将于9月19日开幕,地点是波茨坦大街75号,帕勒斯大街转角处那栋新式建筑的四楼,占地1 200平方米;这也是鲁道夫·莱普克拍卖行的所在地。沙龙的发起人是弗兰茨·马尔克和奥古斯特·马克,组织者是风暴画廊的创始人和赞助者赫尔瓦特·瓦尔登,该画廊共有19个展区、366幅画作,作品出自俄国、法国、意大利、比利时和德国艺术家之手,当然包括马克、马尔克、保罗·克利以及康定斯基的画作,但是也有来自巴黎的德劳内夫妇、夏加尔、皮特·蒙德里安和马克斯·恩斯特的作品。弗兰茨·马尔克兴奋地写信给康定斯基:人们在展览中穿梭,体验到抽象艺术现在是真的一马当先了。这原本是德国现代艺术的宇宙大爆炸,但几乎没有人意识到这一点。不过,威利·鲍迈斯特感受到了。这位年轻的艺术家有两幅作品在秋季沙龙里展出,自豪的他在9月25日参观展览时,突然发现了正激动地站在莱热巨幅画作前的弗兰茨·马尔克。"一位身材高大、黑发、优雅的男士,"鲍迈斯特回忆道,"他满脸兴奋。"现在他还需要一点时间,接着这股兴奋劲儿便会席卷全世界。

我们神秘的俄国美人侯爵夫人欧金尼娅·沙科夫

斯基,也是沙皇尼古拉二世的表亲,于4月23日在柏林约翰尼斯塔尔机场和情人坠机的事件轰动一时。现在她似乎从这次冲击中迅速地恢复了过来,回到了惯常的模式中:让男人为她疯狂。至少9月21日那天是这样的,施特恩家族在柏林举办了一场晚宴,她在那里遇到了格哈特·豪普特曼,后者对这位侯爵夫人沙科夫斯基1913这一年的总结是:"浪漫且年轻的侯爵夫人沙科夫斯基,身为女飞行员,她驾驶着飞机,把情人阿布拉莫维奇引向了死亡。"从这次严重的事故中艰难恢复后,年轻的德国海军军官围着她打转,空气中飘荡着情欲。这位海员名叫汉斯·席勒。这位侯爵夫人说道:"飞行对驾驶飞机的人来说一点都不浪漫。"那至少在地球上还幸运地留有些许浪漫的空间。然而,她的新欢汉斯·席勒也已经开始把大海换成天空,在5月5日通过了飞行考试,此时离阿布拉莫维奇离世还不满10天。

※

9月23日是一个星期二,罗兰·加洛斯成为飞越地中海的第一人。他驾驶莫拉尼-索尔尼埃G型机从法国南部的弗雷瑞斯飞到突尼斯的比塞大用了不到 8 小时。

※

卡夫卡知道他生活在一个怎样的特殊年份。9 月 24 日,他从加尔达湖畔的里瓦(他姑且算是在那里度假吧)寄了一张明信片给他的妹妹奥特尔拉,请求她帮忙弄到《1913 这一年》这本书的宣传简介。

※

丹尼尔·萨拉森的《1913 这一年》面世了。他在书的开篇简明扼要地称:"我们所处的这个时代,可能是有史以来最令人振奋和激荡人心的时代。"接着恩斯特·特罗尔奇写道:"现代人为了生活而紧张奋斗,这让大家无法获得安宁和平静,而这正是宗教生活的前提,精疲力尽的感官寻求其他的恢复方法。这个故事我们都熟悉,在一定时期内人们把它称为进步,然后又称为堕落,如今人们喜欢称之为新的理想主义的萌芽。"卡夫卡会这么想:这话讲出了我的心声。

❋

9月26日,罗莎·卢森堡没法采集植物了。她在法兰克福市博肯海姆的音乐厅演讲。大厅里座无虚席,气氛热烈。她向工人们发出倡议,当战争来临时不要拿起武器。"当有人鼓动我们,端起杀伤性武器,指向我们的法国兄弟,我们会喊道:我们拒绝!"这次演讲招致了不良后果。9月30日,法兰克福的最高检察官就以"煽动群众不服从当局的行为"针对罗莎·卢森堡展开调查程序,她随后被判处一年有期徒刑。

❋

9月末,奥古斯特·罗丹在巴黎给伦敦的维塔·萨克维尔回了封信。她有个特别的请求,想要付费请罗丹为德皇威廉二世塑半身像。罗丹怒气冲冲地回了信,他自然是无论如何都不会答应为这位"法国的大敌"创作雕塑的。

❋

鲁道夫·迪塞尔的第一项专利是把透明人造冰装

入瓶中，但是这还没激起水花。他想要发明些能推动人类进步的真家伙。所以，他发明了柴油发动机，官方称呼为"67207号专利，内燃发动机运转程序和设计"。虽然发动机很快就以他的名字迪塞尔命名了，但在财务和谈判方面，他远没有在发明领域那么卓绝，一再有大型公司盗用他的专利，他的财富便从指尖流走了。1913年秋天也是这样，10月1日有许多贷款要付利息了，但是迪塞尔不知道如何是好。他的债款超过了30万帝国马克；虽然举世闻名，但他穷困潦倒。夏天的时候他不得不卖掉家里的汽车。在这种严峻的氛围下，他于9月29日在安特卫普登上了邮船"德累斯顿"，想要穿过英吉利海峡，第二天在哈里奇和联合柴油发动机制造公司的高层见面，讨论如何处理财务困难。迪塞尔在船上的餐厅用餐，看上去心情舒畅。他请服务员第二天清晨准时叫醒他。而从这个时刻开始，他便销声匿迹了。当蒸汽船第二天早上抵达英格兰时，这位著名的发明家已经不见踪影了。在船舷栏杆附近，人们发现了他的帽子和外套，报纸拍摄的照片显示房间里的床单被掀开了，睡衣还叠着。箱子没有打开，立在旁边。第二天，这起失踪事件上了《纽约时报》和伦敦《泰晤士报》的头条,以及所有的德国报纸。鲁道夫·迪塞尔凭空消失了。很快有人猜测,他因为专利争夺遭到谋杀。也有传言说是自杀,或者这只是个不幸的事故?总之,10月10日,领航船克尔森的船员从英吉利海峡里捞出了鲁道夫·迪塞尔的药盒和眼镜盒,也就只有这些了。直到今天,历史上这起迪塞尔迷案仍未被揭开谜底。

❈

在鲁道夫·迪塞尔离世的那个晚上,瓦尔特·拉特瑙在柏林举办了盛大的庆典,庆祝他的46岁生日,所有在场的人都有完美的不在场证据。

❈

9月30日,《慕尼黑快讯》的天气预报宣布让人头疼的天气即将来临:逐渐增强的南欧高气压区带来焚风影响。这当然会对我们那些神经纤弱、对天气敏感的大人物造成困扰。胡戈·冯·霍夫曼斯塔尔在慕尼黑的马里昂巴德酒店里先写信给奥托尼·冯·德根费尔特,告诉她"今天早上风向转了",同时还写信给施塔恩贝格湖的著名的沙龙名流埃尔莎·布鲁克曼:"我昨天就在考虑,去施塔恩贝格登门拜访您,已经把路线图都塞在口袋里,然后可恶的西罗科风又刮了起来,计划就搁置了。"人们光读着这些就觉得头疼了。所以胡戈·冯·霍夫曼斯塔尔更愿意退回他的阴影国度,在酒店里继续为心爱的歌剧《没有影子的女人》创作剧本,甚合时宜。在同一家马里昂巴德酒店里,赖纳·马利亚·里尔克也下榻在此。9月18日,他没有被焚风吓退,和妻子以及女儿启程前往施塔恩贝格湖拜访侯爵夫人布鲁克曼。

克拉邦德却正为这焚风高歌一曲。春天,这位古怪的年轻诗人在阿尔弗雷德·克尔的杂志《潘》上发表了他的第一批诗歌。他是一位十分敏感的年轻人,和戈特弗里德·贝恩一起在奥德河畔的法兰克福读的文理中学,他们互相朗诵自己最早的诗歌。但是贝恩在他的诗中自我惩罚,而克拉邦德却在诗中放任自我。现在,1913年9月,克拉邦德的《焚风之歌》发表了:"风暴把我们锻造成一体/将我们和天气糅杂/在暗夜里、在晨光中/合二为一,一分为二。"诗人们在1913年教导人们,大自然能让我们合为一体或者彼此分离,这一切都取决于风向。

1913

秋天

卡尔·威廉·迪芬巴赫找到了《死亡之岛》。佳吉列夫找到了慰藉。马塞尔·普鲁斯特必须又一次亲力亲为地处理所有的事情。里夏德·德默尔收到了一栋房子作为礼物——而且是1913这年的精英们所赠。格哈特·豪普特曼收到了一辆新的梅赛德斯汽车，伊莎多拉·邓肯有了一个孩子。一颗新的彗星被发现了，手持式吸尘器也问世了。真是精彩纷呈的一年。阿尔弗雷德·利希滕施泰因刚在夏天从波罗的海度假回来，在埃尔朗根攻读法律博士。他把《消夏》这首诗寄给了柏林的弗兰茨·普芬佛特的《行动》杂志，这首诗刊登于1913年10月4日。人们感觉到，这位年轻的博士生渴望着一些末日风景。

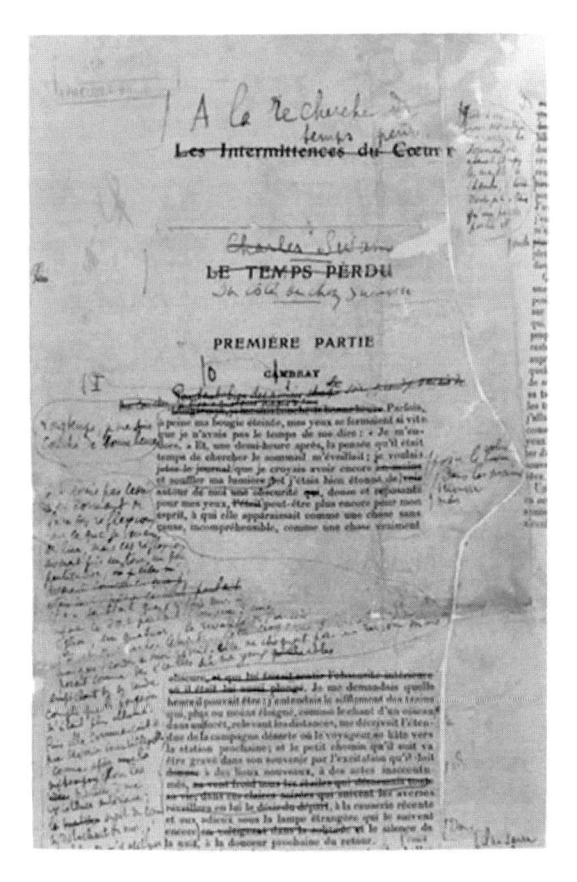

11月13日,《追忆似水年华》出版了。一个月前,一切看上去还非常令人茫然无措

10月

❋

土地是肥腻的周日烤肉,

漂亮地浸满了甜蜜的阳光酱汁。

若吹来一阵风……

用那铁爪撕碎

温柔的世界。这将使我展颜。

若来一场风暴……

必将这美丽的、湛蓝的、

永恒的天空撕扯千遍。

❋

1913年10月7日中午12点整,戴姆勒汽车柏林分公司的主管,亲切的克罗克尔博士出现在柏林格鲁内瓦尔德区胡贝图斯林荫大道,来到格哈特·豪普特曼的新房子前。新司机施米特曼先生也到了,他们把格哈特·豪普特曼的新梅赛德斯汽车送来了。大家摆好姿势拍照,50岁的豪普特曼兴奋不已。他记录道:"新情况,新体验:汽车、波特酒、柏林的房子。"他心情大好,开着车穿过柏林,也"独自在秋天凉爽的金色余烬中"开车去了他在北边埃尔克纳的老房子,他的三个年纪大一些的儿子是在这里出生的。他认为这样可以把过去、现在和未来连接起来。那时,他还不知道他的梅赛德斯汽车将在1914年8月3日就被国家征用,因为军事用途运到了战争前线。这也是"新情况,新体验"。

❊

柏林的广告柱上到处都挂着橘红色的海报,为拱廊展览馆的殖民地展览做宣传。菩提树下大街和弗里德里希大道拐角处写着:"50位野性的刚果女性。刚果村庄里的男人和孩童。"同时还有汉堡哈根贝克动物园的努比亚民族展览。这几天展出的除了各种非洲动物,还有单腿站立的希卢克战士,这是他们标志性的姿势,汉堡市民惊奇不已。这个展览唯一的问题在于它披着自然科学这层外衣,展示的却是非洲男性几乎全裸的躯体,这太有吸引力了。哈根贝克很快就叫停了这场特殊的展览,理由是一位朋友向他描述:"无数年轻女孩以及妇女对这些棕色皮肤的小伙子产生了突如其来的病态的爱恋。"努比亚人身材苗条,有着古铜色的皮肤,衣不蔽体,最是吸引年轻的女孩。人们每天都能看到这种陷入爱河的姑娘,抚摸某位古铜肤色的阿多尼斯美少年的臂膀或者手,半个小时都恋恋不舍。而对这种德国殖民帝国的辉煌引起的意料之外的副作用,我们的良民格哈特·豪普特曼会如何评价呢?"新情况,新体验。"人们也不妨转换下视角,这些天《先锋》杂志连载的精彩故事《非洲人卢坎加·穆卡拉在德国的深度考察之旅》便是例子。在这个故事里,汉斯·帕舍借一位来自黑色非洲大地的虚构人物之口,妙趣横生地介绍了他看到的德国风俗习惯:德国人所有的那些奇怪的饮酒仪式,在街头吸烟的习惯,对数字、世界贸易和国民生产总值的痴迷,毫无意义的在街上东奔西跑,以及缺乏享受生活的能力。

❋

10月10日,美国总统威尔逊在华盛顿按下了一个小按钮——这封电报消息从白宫出发,途经古巴和牙买加,传到了巴拿马。在甘博阿大坝下面,几百个炸药同时引爆了。伟大的现代艺术诊断家尤利乌斯·迈尔-格雷费将《柏林日报》的报道剪了下来,贴到了日记本里,记录道:"一个现代的手势。"大块的泥土在空中扬起,爆破点周围的雨林猛烈摇动,爆破成功了,大量的水涌入巴拿马运河。6 000万年以来,太平洋和大西洋首次在抵达合恩角之前就可以汇流了。

❈

10月11日,弗兰茨·卡夫卡在慕尼黑待了一天。他从加尔达湖畔的里瓦过来,第二天继续前往布拉格。这悠长的一天他做了什么?像前不久的马塞尔·杜尚一样参观了技术博物馆吗?去老绘画陈列馆看了埃尔·格列柯展览吗?像一周前的胡戈·冯·霍夫曼斯塔尔和里尔克一样去英国花园里散步了吗?去电影院了吗?想起菲丽丝了吗?还是更想念里瓦的夏日风流韵事?但是也许他只是无所事事地躺在马里昂巴德酒店的床上,思考是不是还是要换个房间,因为电梯的声音很吵。几条街之外,托马斯·曼给《魔山》开了个头,而奥斯瓦尔德·斯宾格勒在写《西方的没落》。

✺

西门子公司获得了电话拨号盘的专利。

✺

这大概不会是巧合：1913年，两位作曲家克洛德·德彪西和莫里斯·拉威尔都发现了一个有趣的，但一模一样的音乐创作题材。1913年，在彼此都不知情的情况下，拉威尔和德彪西都坐在钢琴前，为《斯特凡纳·马拉美的三首诗》作曲。并且，三篇诗中有两篇是相同的，简直让人发疯。德彪西写信给朋友："和马拉美家族以及拉威尔的这些事情一点都不好笑。另外，这不奇怪吗？拉威尔正巧和我选了一模一样的诗？这是自我暗示的现象吗？值得医学界研究一番？"

✺

10月11日，厚重的铅灰色的云层下大雨如注，但是将近3 000名年轻的男女仍然满怀信心地拥上了迈斯纳高地的山坡，穿着雨衣前来庆祝"第一届自由德国青年日",他们无视了天气。这两天,年轻人把这座卡塞尔周围的山变成了摆脱威廉式军事操练的自由庆典,到处都是围圈起舞、小型比赛、演讲,到了中午分成小组点燃篝火做饭,烟火气和升腾的雾气在冷杉树的上空混杂在一起。从这天起,迈斯纳高地便成了德国青年运动的最高峰。各种生活改革团体、素食主义团体、和平运动团体和候鸟青年运动小组在此举行和平集会,这是威廉时代的伍德斯托克音乐节。人们聊天、喝酒、吃饭、演讲,所有人回家的时候都心潮澎湃,神魂颠倒,就像在1817年的瓦特堡节或者1832年的哈姆巴赫节一样。最有感染力的演讲者是古斯塔夫·维内肯。"未来,"他看向黑森州北边那些雾气笼罩着的凄凉的冷杉树,开口道,"仿佛被厚实的雾墙遮住了。"但是,人们仍然可以听到"正义以及美的声音穿透雾气,从遥远的时代或者从永恒那端传来"。于是,他把糟糕的天气变成了一场着实不错的演讲。到了演讲最后,太阳还没有穿透云层,所以维内肯呼吁他的听众要证明自己的价值,成为"光的战士"。至于如何做到,人们为何而战,战的对象是谁,就像所有的优秀演讲者那样,他完全没有说明。但是青年们为他欢呼喝彩,并且购买艺术家菲德斯那张传奇的《光明祈祷》的明信片留作纪念。赤身裸体的少年从上方、从光里获得了在尘世生活的启示。菲德斯是生活改革运动的核心人物,与真理之山以及其他的运动例如以鲁道夫·斯坦纳为中心的神智学组织、德累斯顿海勒劳的雅克·达尔克罗兹的改革运动联系密切。所有人追求的都是更自由的生活、美的梦想、宽松的衣衫、一些东方智慧、通透的房屋、灵魂、更多的性爱以及餐桌上更多的蔬菜。菲德斯尝试以柏林的沃尔特斯多夫为起点,向世界传教,并建立了圣乔治联盟。他的画在迈斯纳高地成为传奇,因为他在画作《光明祈祷》下方印了"1913年自由德国青年日"字样。并且他也为此纪念文集创作了另外的画来作装饰,并传递了力量:"年轻的朋友们,你们业已保有德意志的忠诚、勤奋、纯粹的精神,继续追求德国人遗忘已久的本性之美与真实之美,即躯体之美吧!"然后,在细数美好的躯体可以带来的种种美好之后,菲德斯写道:"那就朝着美、爱、纯洁、干净的躯体进军吧!一切都会自然降临到你们身上,力量、善良、正义、爱与真诚——我们所有的德意志美德。"到了这会儿,这场改革运动突然和德意志美德紧密联姻了,让人摸不着头脑。

❋

在巴黎,玛塔·哈里继续致力于逐步引进裸体文化。在德国王储回绝她殿前表演舞蹈的请求后,她又把注意力放到了法国。她只穿了一根小腰带和胸衣,继续舞动人生,但可惜不再是在巴黎的舞台上了。自从俄罗斯芭蕾舞团在那里引领潮流后,玛塔·哈里就有些过时了。但是她得想法子支撑她那奢靡的生活方式,当发现当间谍还不能赚钱时,1913年秋天,她在位于拜伦勋爵14号的约会之家,即伽利略路5号的街角那里提供服务,1 000法郎一夜。在讷伊圣詹姆斯的郊外她那乡间房子的花园里,她仍然试图维持一些旧日辉煌,越过树木的树冠,人们可以看到凯旋门和埃菲尔铁塔苗条的轮廓。就在这花园的梧桐树荫下,她在这个秋天为《尚流》杂志的摄影师表演她著名的爪哇纱巾舞。照片配的文字解说是这样的:"她表演的舞蹈洋溢着宗教仪式、爱情和激情,是非常优秀的呈现。"唉,要是那位德国王储能看到就好了。

❋

16岁的波兰少女芭芭拉·阿波洛尼娅·哈卢佩茨明智地将自己名字改成了波拉·尼格丽。这位有着一双深邃的黑眼睛的年轻演员在华沙凭借格哈特·豪普特曼的《翰奈尔升天》一举成名。她一夜爆红,不久之后便被马克斯·赖因哈特挖到了柏林,从此平步青云。世上又出现了一位红颜祸水。当她出演豪普特曼的作品时,甚至连德国王储都坐在包厢里观赏。要是玛塔·哈里知道这件事就好了。

❋

罗曼诺夫家族在庆祝登基统治300年之际宽赦了马克西姆·高尔基,他在1913年10月从卡普里回到了俄国母亲的怀抱。刚落地,他就立刻对陀思妥耶夫斯基在莫斯科艺术剧院的演出《群魔》提出了抗议,理由是这部剧"传播了陀思妥耶夫斯基的苦难观和卑躬屈膝的观念,其影响力是致命的"。高尔基说他再也无法忍受小说里那些饱受苦难的俄国人民。俄国必须重新站起来："我们不能再热爱这种痛苦，而是必须学习仇视它。"这句话出自一位在卡普里岛上学习到完全可以热爱生活的人之口。

✣

10月18日，民族之战纪念碑在莱比锡落成。到处都在启用新的地铁站，未来主义者已经成为历史，乘7个小时的飞机就可以从圣彼得堡到达柏林，亨利·福特在底特律的第一条生产汽车的流水线已经开动。在现代化已经加速前进的时候，莱比锡的人们试图通过纪念一场百年前对抗拿破仑的胜利来汲取力量。这简直荒谬。但是德国人的庆祝活动办得有声有色："各德意志家族将通过接力跑传递橡树枝，以此向皇帝献上子民的祝贺。橡树枝是在具有重要历史意义的地点剪下的，子民以快速接力跑的形式穿过德国，送至纪念碑的台阶前。"事情是这么进行的——德国体操协会充当总参谋部，他们组织年轻的运动员在10月17日凌晨，在广袤的德意志疆土上剪下小橡树枝——在弗里德里希胡尔的俾斯麦墓前,在体操之父雅恩的出生地,以及在腓特烈港的齐柏林飞艇制造有限公司。截至10月18日,总计有37 835位体操运动员共跑了7 319千米,为了把橡树枝献到皇帝面前。

这位皇帝接了过来,"谦和"地点了点头。

成千上万的民众即使没有口衔橡树枝,也在这几天从这个国家的各个角落拥向莱比锡的盛大庆典。在法兰克福草坪上,巴伦马戏团有10头野性勃勃的狮子,它们的表演轰动一时,吸引了众人。在10月19日晚场表演结束后,这些动物被装进一辆马拉的货车,后面跟着一辆装了熊的货车,他们晚上还要从莱比锡的普鲁士货运火车站出发,前往下一站。浓雾弥漫,两位车夫临时在柏林路上的灰彼得酒馆前停了车,准备在送交动物之前喝杯啤酒。但是当这两位车夫正舒服地坐享刚打出来的啤酒时,外面拉着熊车的马受惊了,车的牵引杆把狮车的后壁撞坏了。突然,一头怒吼的狮子从破洞里探出了头,拉着狮车的马失控了,拉着一车狮子跑上了马路,撞上了一辆有轨电车;8头野性十足的狮子立刻逃脱,奔向自由。路人们尖叫着,满眼恐惧,街上乱成一团,一个在附近巡逻的警察立刻开枪,并请求第八警察局派人增援。就这样,在传奇的民族之战胜利100年后,传奇的莱比锡狮子追逐战拉开了帷幕。很快就有5头猛兽陈尸在柏林路上。马戏团团长妻子的宝贝阿卜杜勒被一个扔过来的石块激怒后攻击了一位行人,结果被莱比锡警察射出的165枚子弹打成了筛子,场面无法想象。然后柏林路上的猛兽尸体就变成了6具。第7头狮子被阿卜杜勒的处决方式吓到了,束手就擒被关回了笼子里。

现在还缺了波莉这头向来都是最特立独行的母狮子和它的同伴。马戏团团长阿图尔·克赖泽和莱比锡动物园园长约翰内斯·格宾匆忙地赶来,想要活捉它。然而波莉先是淡定地在晚上的街道上散步。它在布吕歇尔街遇到了一位年长的女士,老太太事后还奇怪自己居然在深夜的人行道上见到了如此体形庞大的牛。其他在辨认动物方面更有经验的路人通知了消防员,他们继续用水柱驱赶着波莉,但这逼得它奋力一跃,撞破玻璃，逃进了布吕歇尔酒店。显然，这种骚动让波莉的膀胱感到了压力，总之它目标明确，找到了去二楼厕所的路。厕所里正好有一位叫弗朗索瓦的法国人，他没有锁门，接着便在这个安静的地方被一头怒吼的狮子吓到了。他尖叫着连裤子都没有提起来就往楼下冲——而波莉则舒服地待在了厕所里。冲上楼的动物园园长现在只需要轻轻地从外面把门锁上，这样它就被抓住了。最后人们用了个笼子陷阱把波莉运走了。

可怜的马戏团团长则必须面临10天的牢狱之灾或者100马克的罚款，因为根据德意志帝国刑法第367条第11项，他被判决"在饲养凶猛动物或者野生动物时，未采取必要的预防措施而导致损失"。德国法律还真是思虑周全。此外还要补充两点：在这之前，莱比锡的城市徽章上就出现了狮子的形象，以及德意志民主共和国时期的狮子酒店里有一种冰冻的坚果甜品，名叫"波莉"。

❊

10月27日，格哈特·豪普特曼前往柏林约翰尼斯塔尔机场,去观看当时最著名的飞行员的表演。"佩古德的俯冲让人敬佩/巨大的进步/划时代的方式。"意思就是俯冲象征着巨大的进步。对1913年来说这个口号不赖。

✺

同在10月27日,巴勃罗·德拉万不可思议地在阿根廷拉普拉塔的天文台发现了太阳系内的一颗高亮度的新彗星。因为时间仓促,他便把它命名为"1913f",简明扼要。不久之后他在《天文学报》上急切呼吁所有的研究者,"对这颗绚烂的彗星给予特别的注意"。因为某种程度的迫切性是有必要的:在2 400万年后这颗彗星才会再次被肉眼看见。

✺

巴黎有两座艺术重镇:蒙马特和蒙帕尔纳斯,最近这两个地方才由地铁A线连接起来,但是基本上还是两个独立的世界。蒙帕尔纳斯不是因为毕加索去年秋天搬过来才成为先锋艺术的核心阵地的,当时也有两个沙龙在争夺现代主义的解释权,也是各自独立(但在双方阵营中,毕加索都是焦点)。一边的沙龙严肃、传统,主人是格特鲁德·施泰因(以及她的哥哥——在兄妹分道扬镳之前);另一边的俄国沙龙则是野性的、充满异域风情的,主人是埃莱娜·厄廷根和她所说的哥哥塞尔吉·菲哈——他其实是她老情人的儿子。连他们的名字可能也不是真的,他们不停地换新的假名、家谱以及身份,确定无疑的只有一件事:毕加索和埃莱娜有过露水情缘。当施泰因家族在艺术上慷慨出资,将一系列塞尚、毕加索、马蒂斯的作品收入囊中时,埃莱娜·厄廷根也在资助阿波利奈尔的杂志《巴黎之夜》,并使其成为蒙帕尔纳斯的主要阵地。她在拉斯佩尔大道229号的住宅大门敞开,艺术家们来来往往,24小时不间断地供应着葡萄酒和点心,有时候埃莱娜穿着大胆的黄色睡衣和高跟鞋穿梭其中。到了夜晚,她才会更衣,然后和意大利的未来主义者、莫迪利亚尼、德·基里科以及其他意大利人坐到一起,配上意式方饺和基安蒂葡萄酒。为俄国人如马克·夏加尔、利普希茨和阿奇彭科奉上的当然是伏特加,为法国人奉上的则是茴香酒,并且给所有人都奉上一些可卡因。在1913这一年,自称为塞罗施卡和利亚莱斯纳的沙龙主人塞尔吉和埃莱娜站在了蒙帕尔纳斯先锋主义的中心——很长一段时期内,他们代表着一种狂野和放纵,这股风潮随着佳吉列夫、尼金斯基以及俄罗斯芭蕾舞团曾在春天席卷巴黎。

❀

马塞尔·普鲁斯特10月2日收到了第四版《追忆似水年华》的校样,接着10月27日收到了第五版。他伏案、修改、粘贴、写作,然后把这堆材料都交给了阿戈斯蒂内利——他的司机,也是爱人。后者其实不会用打字机,特别是他没法招架雇主那修订的怪癖。从4月开始普鲁斯特就基本上等同于在写一本新书,他修改的部分现在已经超过了原来的文字数量。坐在打字机前的阿戈斯蒂内利再也理不明白这一切了,他陷入了绝望。但是,令人不可置信的是,这所有的修改和拼贴最后还是成了一本书。11月14日,《追忆似水年华》第一卷出版,这真是不可思议。这是世界文学史上浓墨重彩的一天。出乎所有人意料的是,马塞尔·普鲁斯特把他的《追忆似水年华》最后的校样也送去刊印了。虽然他一直到最后一刻都在从头到尾地进行修改、整段地删除、新增其他内容，但是他最终还是收了笔，把这本书交给了这个世界。当这本世纪巨作出乎出版商的意料在1913年11月问世时，前一百册上印着的出版年份仍然是1914。现实终究还是战胜了出版商的悲观主义。因为出版商在之前的3月就通知印刷工人，保险起见把出版年份从1913改成1914，因为他不相信这本书还能在当年完成。这也是个伟大的奇迹。现在所有事情都完成了，普鲁斯特营销总管的身份觉醒了：他在自己的公寓里精心筹划，通过小额金钱礼物来博取好的出场机会。如果夸赞的书评刊登在《辩论报》头版，他将支付2 000法郎，而《费加罗报》头版上的夸赞之词只值1 000法郎。另外，这些书评不是出自他人之手，而是马塞尔·普鲁斯特自己，他还用了个可笑的假名。马塞尔·普鲁斯特这样点评马塞尔·普鲁斯特，这部小说是"一部小杰作"。这位作者可能是这么想的：一切都得我亲自动手！

但其实普鲁斯特满脑子想的都是阿戈斯蒂内利。

他一直在琢磨如何继续引诱他亲爱的司机兼秘书,告诉他成为同性恋者的好处。但是在校样总算完成并送到格拉塞出版社时,这位司机清楚地向他的上司兼主人表示,相比打字机,他其实对其他机器更感兴趣,也就是那些能飞的机器。接着,普鲁斯特支付了阿戈斯蒂内利11月去参加位于布氏飞机场的布莱里奥飞行学校的课程费用。不过这800法郎的学费和马塞尔·普鲁斯特不得不支付的27 000法郎比起来就不值一提了。为了奖励他深爱的阿戈斯蒂内利,他意乱情迷之下很快给对方送了架如假包换的飞机。当普鲁斯特收到飞机的账单时,不得不匆忙地卖掉他剩下的股票——这次是犹他铜矿和斯帕斯基公司的股票。他给朋友阿尔贝特·纳米亚斯写信,中肯地总结了他的困境:"我要在这里打住了,我完全没法跟您说出口,我在忍受着多少灵魂上的苦闷,多少经济上的窘迫,多少心理上的痛苦和文学上的烦恼。"这一次——也许是人生中第一次——普鲁斯特没有夸大其词。因为这个"好人"阿戈斯蒂内利开着他送的飞机做了什么呢?他远走高飞了,一言不发地和他的妻子安娜(他没有办法舍弃女性)离开了普鲁斯特在奥斯曼大道的房子，前往法国南部。普鲁斯特请了私人侦探调查阿戈斯蒂内利的行踪。人们不知道该把这个叫作用心险恶，还是迷人或者是荒谬：这位阿戈斯蒂内利不久之后在昂蒂布的加尔韦罗兄弟飞行学校报名时，用的名字是马塞尔·斯万。这是被他抛弃的供养者的名，加上他刚出版的小说里主人公的姓——做得不错。但是这位斯万的爱情也和书里同名人的恋情一样以死亡告终：这位冷血的司机将会驾驶着这架礼物，在1913年底坠入地中海。

※

海伦·黑塞尔是擅长刻画人类痛苦的凯绥·珂勒惠支的学生，之后还是岁月静好的花卉画家乔治·莫森的情人；她想要和她的丈夫，也是花花公子和逃避艺术家的弗兰茨·黑塞尔生一个孩子。尽管她得和婆婆一起去法国南部度蜜月，也尽管她其实发觉自己对丈夫的朋友罗谢的爱意至少和对弗兰茨的相当，也尽管她刚刚不得不把亲爱的哥哥奥托送到疯人院里（在婚礼上，他用反犹主义言论辱骂了弗兰茨的家人）——都无所谓。

她现在想要一个弗兰茨的孩子。10月,阳光给树叶染上了美妙的颜色,泛着紫红色的光。海伦不想要任由运气决定是否能成功受孕。她在巴黎把丈夫打了包,一起前往勃兰登堡安静的布兰肯塞。年轻的画家海伦曾和乔治·莫森在那里度过了意乱情迷的美好春宵。显然,她认为只要和弗兰茨同床时,她能够唤醒之前5月和乔治·莫森在一起时的心情,那就应该能成功。她的确成功了。在布兰肯塞的金秋10月里,海伦·黑塞尔很快就有喜了。

正是在这些阳光和煦、安宁永恒的日子里,奥古斯特·马克在图恩湖的希尔特芬根创作出了1913这一整年最美、最明朗以及最无忧无虑的画作。

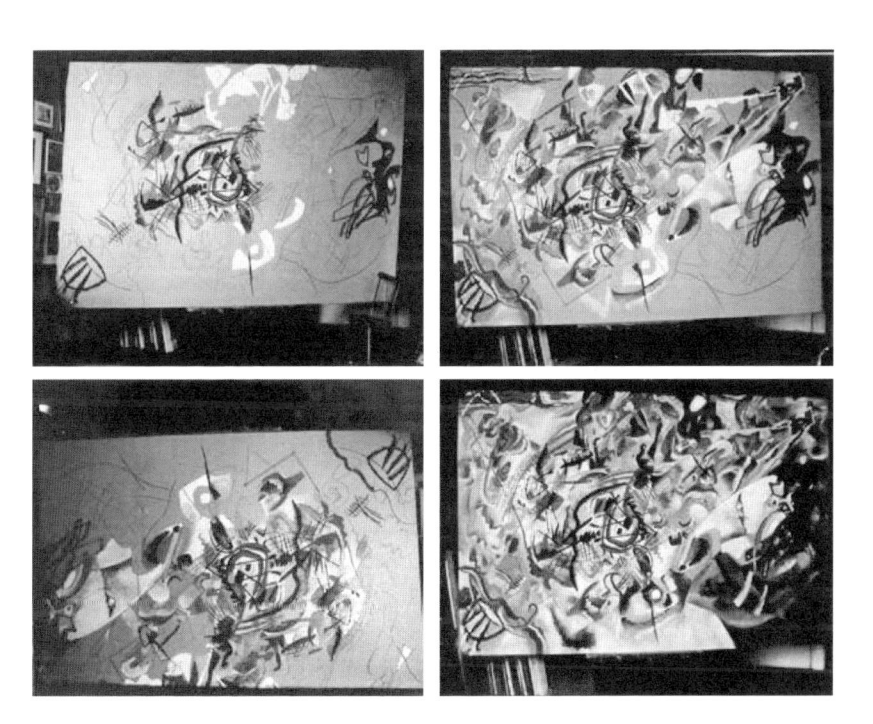

延时摄影下的抽象主义开端:康定斯基《构成 7 号》,于 1913 年 11 月 27、11 月 28 日

II
月

✱

巴伐利亚的钟表走时当然是不一样的，所以也没有人奇怪，随着路德维希·冯·维特尔斯巴赫于1913年11月5日登基，巴伐利亚突然有三年时间有两位国王同时在位。一号国王奥托在登基时已经患上了精神疾病，在1871年普法战争时期他还能头脑清醒地参与战斗，但是不久之后他就被关到了宁芬堡的南翼，被监护了起来。接着他在某次教堂礼拜的时候掏心掏肺地忏悔，惊扰了现场，之后便被转移到了菲尔斯滕里德城堡。他饱受宗教幻想的折磨，要么麻木不仁地一动不动，要么一连几个小时用头撞墙，还好墙壁事先都被包住了。这样的生活暗无天日，除了全国最优秀的医生建议的冰水浴和吗啡注射外别无他法。于是，从11月5日起，路德维希三世在经历漫长的摄政王时期后，正式对美丽的巴伐利亚进行统治。巴伐利亚的议会做出决议，免除奥托一世所有的执政国王的权利，但出于礼节仍然保留了这位官方认定的"忧郁的"可怜人的称号和尊严。若干年后，巴伐利亚王国出人意料地摇身一变，成为苏维埃共和国,人们认为这出王室闹剧是主要原因。

※

11月8日,周六,弗兰茨·卡夫卡和他的爱人菲丽丝·鲍尔从10点15分到11点45分在柏林的蒂尔加藤公园里散步,天气雾蒙蒙的,让人感觉不舒服,之后菲丽丝得出发去参加一个葬礼。当时她和卡夫卡的关系从临床上说几乎也已死亡了。

※

但凡人们在这一年自由思考,便会想到亨利·柏格森。这位巴黎的法兰西学院哲学教授绝对是1913年最具影响力的理论家。马克斯·舍勒在《白书页》的11月刊上写道:柏格森这个名字当下在文化界如雷贯耳,势不可当,以至于耳朵敏感的人想要质疑,是否应该阅读这位哲学家的作品。因为教育界和文学界众人的掌声应该让智者羞怯,与以前相比现在更该如此。然后这些耳朵敏感的人会说:"尽管如此人们还是应该读一读柏格森。他言之有物。"著名巴黎沙龙主人米西亚·塞尔特、马塞尔·普鲁斯特、格特鲁德·施泰因都收到了他在法兰西学院的讲座邀请函,堆在毕加索、未来主义者、马蒂斯的展览开幕式邀请函旁边。

❋

按照普鲁士"机动车交通条例",汽车在市区的行驶速度不得超过每小时15千米。也就是说,加速时代在1913年从一挡开始。

❋

回到巴黎的赖纳·马利亚·里尔克感觉不太好。准确来说,是感觉很不好。他在诗里写道:"眼泪,眼泪,眼泪,从我眼里迸出。我的死神,摩尔,攥着我心脏的人,让我倾斜些,好让泪水流尽。"

❋

间谍片《S1》上映了。阿斯塔·尼尔森扮演的格特鲁德被替外国间谍工作的未婚夫暗中监视,谋划着通过她获得飞艇的计划。格特鲁德向她驾驶飞艇的将军父亲承认了此事。父亲的回答是："我绝对不会将我女儿的手交到和我的祖国暗中作对的敌人手中。"现在,可怜的格特鲁德必须做出选择了——选择爱情或者父亲,后者也代表了祖国,陈词滥调也是种恩典。而她当然是一位正直的德国人——她从爱人手中夺过偷来的飞艇计划,高昂的小提琴音乐响起,接着是喜庆的结束陈词:"祖国的幸福是全体人民的幸福。"不知道出于什么原因,柏林禁止青少年观看这部电影,慕尼黑的警方也连发三条青少年禁令,编号为 11377、11378 以及 11379。所以,这部电影于 11 月 15 日在对此不敏感的埃森举行了首映式,地点是超大型电影院绍堡。

❋

如果现代制造了太多让人混乱的同步性,那至少艺术得承担一部分责任。在这一点上,1913 年没有人比索尼娅·德劳内探索得更远。这位巴黎的艺术家在一年前和丈夫罗伯特创立了奥菲主义——一种用棱镜将现实解体和重新组合的色彩理论,纪尧姆·阿波利奈尔表示称赞,奥古斯特·马克和弗兰茨·马尔克深表敬佩——这两位完成了从法语翻译到德语的工作。现在她想要在更多领域中理解棱镜下的现实，于是和诗人布莱斯·森德拉斯合作提出了"同步主义"这个大胆的想法。语言和图像应该互相融合，并且这种不可分割不仅仅是短暂的，而且最好是直到永恒的：他们第一本关于同步的书《西伯利亚大铁路和法兰西小让娜的散文》在秋天出现在了公众面前。这是一本长达两米的手风琴式折叠书。阅读的感觉就像横贯西伯利亚隆隆行驶的火车，视线掠过文本和图像，色彩和形状形成了美妙的起伏，就像一段旅程，穿越漫长狂野的1913年。对此，布莱斯·森德拉斯在诗里写道："我的诗歌之窗是敞开的，面向大街，玻璃上／闪烁着光影的珠宝／你听到豪车在协奏，打印机在嗒嗒作响了吗？／画家以天空为布擦干净自己，色迹到处都是／身边走过一顶顶女士的帽子，它们就是今晚火光中闪过的彗星。"

✼

未来主义宣言的作者翁贝托·博乔尼在11月25日愤怒地写道，真正提出同步性的不是索尼娅和罗伯特·德劳内,而无可争议的是意大利的未来主义者。"是我们率先指出现代生活是碎片化的、迅疾的。"然而这时已经没有人对此感兴趣了,现代生活正在疾速向前。尽管离诞生还不到一年半的时间,未来主义在1913年末已经又淹没在历史中了。

❋

1913年11月18日,和托马斯·曼和格哈特·豪普特曼齐名的德国作家里夏德·德默尔在庆祝他的50岁生日。现在几乎没有人知道这个名字了。但在1913年他可是家喻户晓。

他的诗歌让欧洲都为他屏息,他和迷人的妻子伊达住在汉堡布兰肯内塞韦斯特街5号的一栋青年风格的房子里。在这里,他们热情洋溢、奢华的波希米亚艺术家生活折射了1913年市民阶级的渴望。这栋房子里的一切都彼此交缠着,不仅是伊达和里夏德·德默尔的身体,还包括画框、壁纸、桌布、地毯和路德维希·冯·霍夫曼的画。青年风格独具特色的藤网在这里仍然不断萌发出新的枝条,手工艺品、想法和诗歌交织,创作出一整幅艺术作品。所有东西都配上了亨利·凡·德·威尔德的餐具。在德默尔家的晚餐餐桌上和他们的信箱里，1913年所有非同步性都同步齐聚一堂：斯特凡·格奥尔格来了，布拉格的马克斯·布罗德也在，埃尔泽·拉斯克-许勒和阿诺德·勋伯格、恩斯特·路德维希·基尔希纳以及马克斯·李卜曼都到了场。晚餐过后总是会有活动、酒场、舞蹈，就像明天不会到来一样。汉堡的艺术史学家古斯塔夫·席夫勒在经历过这样的一晚后，在日记本里写道："德默尔的舞蹈让人想到发情期的动物。"尽管在1913年恰好有场狂野的婚外情撼动了伊达和里夏德·德默尔的狂野婚姻，这两位仍旧白头到老了（直到今天，他们两人的骨灰都在韦斯特街5号的同一个骨灰盒里，不是说"直到死亡将你们分离"吗？）。

11月18日，在男主人的整数寿辰之际，一场相当特殊的庆祝活动开始了。宾客们集资将德默尔一直租住的豪宅作为贺礼送给了他，而德默尔在这一年的精神世界和社会上扮演的核心角色，可以从这天参与赠予房产的宾客身份上清楚看出来。斯蒂芬·茨威格和托马斯·曼出资了，再是阿图尔·施尼茨勒、哈里·凯斯勒伯爵和胡戈·冯·霍夫曼斯塔尔也出了资，柏林的出版商布鲁诺·卡西勒和萨穆埃尔·菲舍、企业家爱德华·阿恩霍尔德、瓦尔特·拉特瑙和埃伯哈德·冯·博登豪森也不甘落后。阿尔贝特·巴林和汉堡的海运企业家奥托布洛姆和银行家马克斯·瓦尔堡以及著名的文化历史学家阿比·瓦尔堡一起，都在赠予者名单上。亨利·凡·德·威尔德、彼得·贝伦斯、伊丽莎白·弗尔斯特-尼采、尤利乌斯·迈尔-格雷费和马克斯·李卜曼也参与了捐赠。1913年整个名人堂一共募集了购买这栋房子所需的47 194.92帝国马克，真是不可思议。要是阿诺德·勋伯格也有钱的话，他肯定也会加入。他给德默尔寄来了贺词，说他每一个新的创作阶段都是由德默尔的诗开启的，他是通过德默尔才找到了声音，"本来应该属于我的声音"。

正如伊达·德默尔所说，11月18日成为了"我们人生中最隆重的节日"。成百上千封贺寿电报，成千上万封信件纷至沓来，恭祝德默尔的50岁生日，来自全德国的宾客在家门口排起了长龙。《夸德里加》杂志出版了特刊，刊登了康定斯基、弗朗茨·冯·施图克、费迪南德·霍德勒、洛维斯·科林特和阿道夫·洛斯的贺词。看来德默尔那狂热、贴近生活的诗歌在1913年引起了形形色色的人的共鸣,连贝恩都得承认,德默尔对"早年的贝恩"产生了深刻的影响。在德默尔家的桌边坐着来自柏林的瓦尔特·拉特瑙和尤利乌斯·迈尔-格雷费,人们一起喝着香槟,一次又一次为寿星干杯,直到晚上的庆祝大餐,狭小的起居室里塞下了50把椅子——也不知道怎么做到的。接着众人在过道里跳起了迦伏特舞,人们唱歌、热火朝天地争辩现在的青年风格是几近尾声,还是为时尚早。真是一场关于美与精神以及美酒的研讨会。里夏德·德默尔需要从这突如其来的喜悦中缓一缓,不仅仅是因为年满50岁,更是因为突然成为了这栋房子的所有者。"坐下来的时候我仍旧感到相当震撼,于是抽着别人送的烟斗压压惊,然后我又站起来,几乎是踮着脚尖小心地穿过房子,避免吵醒邪恶的小精灵,因为这栋房子现在可是我的财产了,像我这样的云中漫步者没办法一夜之间就适应这种情况!"8月,德默尔登上了勃朗峰,临行前他给妻子伊达写了几句话:"若能最后登顶,这将是我今年最好的生日礼物。"但是对这位云中漫步者而言,今年真正的登顶还是在地面上,而且是在 11 月 18 日。

❄

这个时代最重要的物理学家尼尔斯·波尔,喜欢在结束哥本哈根实验室的工作后去看电影。11 月 20 日他看了部西部片。在这里他也试着用概率论解释:"我愿意相信,有女孩会独自一人艰难跋涉,徒步穿越落基山脉。我也理解她会摔倒,差点掉进悬崖,然后就在这个瞬间出现了一位帅气的牧牛人,扔出了套索。我不排除她有力气可以抓住套索,对方把她拉上来并救了她。只是在我看来极端不可能的事情是,在这一切发生的同时,现场除了他们之外还有一组摄像队伍,还把这整个惊心动魄的过程记录在了电影胶片上。"

❄

11 月 20 日,在布拉格的弗兰茨·卡夫卡也在这一天去看了电影。之后他在日记本上记下了传奇的文字:"看了电影。哭了。"

❉

感谢天文学家克里斯蒂安·多诺,我们了解到"随着11月21日到来,将会有一段时间出现不带紫光的漂亮晨曦"。这个内容他之后将会记录在《晨昏蒙影和高山晖探索:基于瑞士对晨昏蒙影、高山晖的观测以及文献历史概览》这本书里(书名相当美),以供后人了解。

❉

11月25日,康定斯基沐浴在最美的晨曦里,在慕尼黑艾米勒街36号开始创作他的经典作品《构成7号》。晚餐过后,他把一块尺寸为2米×3米的巨幅画布绷在了画框上。第二天上午11点,加布里勒·明特拍摄了第一张照片:康定斯基在整个画面中是用画笔快速勾勒的,有桨的船在左下方,正在开火的大炮是位于中间的抽象线团,右边的是类似于骑士的形象——与其说是蓝骑士不如说是末日骑士。11月27日上午11点,加布里勒·明特拍摄到了一束耀眼的光束,被康定斯基一夜之间添加在右上角,当作画的序曲。当她隔天早上,即11

月 28 日来到画室,看到这 2 米乘 3 米的画布时,她在日记本里只能记下:"作品完成了。"用时 3 天,这是现代艺术的一次量子跳跃。这是康定斯基在慕尼黑岁月里最重要的作品,是他的抽象艺术的集大成者,是一场颜色和形状的烟火,是炸毁的世界里充满动力和大胆的混合。如果说之前 30 年都在为了这部作品构思和作画,那么完成这样的作品只需要 3 天。

❇

11 月,伊莱克斯公司推出了第一款手持家用吸尘器。这个型号的名称叫"花花公子"。真是荒谬。

❇

有个故事我无论如何还想要说一说:1913 年最有名的花花公子加布里埃尔·邓南遮一辈子都没有用过吸尘器。这位尼采的崇拜者沉醉于词藻和美,是这一年最耀眼的人物之一。他造型完美,髭须翘起,目光坚定,就像在永恒地狩猎。他横穿欧洲,总是在寻找下一个征服的目标、下一场文化盛事或者至少是下一家豪华酒店。根据日记本上的记录,邓南遮大概和3 000位仰慕者共度了良宵,这个数字即使放在1913年也有望打破纪录。这头罗曼·罗兰口中的"猛禽",其最有名的"猎物"是埃莱奥诺拉·杜塞。或者正相反:他能拥有响亮的名头更多是因为他是杜塞的情人而并无关他的诗歌或者戏剧。把他的形象简化成唐璜式的人物似乎是合理的:因为他所有的文字都只是对自己生活的记录,连他那数不清的情书其实都只是为待写的书而做的笔记。在他对罗马美人芭芭拉·莱奥尼狂热的爱意消退后,便试图买回自己给她写的情书。可惜他没有留下副本,而新书的写作又急需这些。他得手了,所以他将以前看着睡梦中的芭芭拉写下的痴迷文字原封不动地搬进了他名为《爱欲》的书里,包括对她那双大脚的惊讶。后来,整个意大利都满是被邓南遮抛弃的、感到屈辱、哭泣的情人们,而这位诗人最后有着数不清的决斗战书,并且身无分文、濒临破产,不得不逃往巴黎。他在那里继续着之前的生活。身为女同性恋者纳塔莉·巴内的沙龙主人和缪斯,总结1913年邓南遮在巴黎扮演的角色时说道:"他是最时髦的存在。但凡女性的姿色还算过得去,如果没能和他上床,便会沦为蒙帕纳斯的笑柄。"让他相对长情、一再回头的是纳塔莉·德·戈卢贝夫,一位俄罗斯的侯爵夫人,他们都喜欢灰猎犬并且共同照顾60只动物。其中的一只名叫白色哈瓦那的狗在8月替邓南遮赢了圣克卢的赛狗比赛,这让他之后几周的兜里又有了些钱。然后到了1913年10月,他在克勒贝尔大街的住处、饲养灰猎犬和其他的冒险行为的费用最后由意大利最富有的女继承人路易莎·玛切萨·卡萨提来一并承担。她相当符合诗人的品位:染成红色的头发,漂白的皮肤,从头到脚都很古怪。她刚在巴黎的丽思酒店下车,就请侍者替她定了6只活兔子。但是不是为了玩耍,而是给她一直带在身边的南美蟒蛇以及2只饥肠辘辘的灰猎犬准备的晚餐(为了这次旅行,她把两只猎豹留在了威尼斯的府邸中)。她自己吃了一些牡蛎,尽管她宣称自己只靠香槟和优质毒品过活。但这次在丽思酒店的甜点是新鲜的加布里埃尔·邓南遮。在认识7年后,他们总算上床了。路易莎·卡萨提称不上特别貌美,但是怪诞十足——因此所有人都匍匐在她的石榴裙下。意大利的未来主义者把她视作他们的联络官,俄罗斯芭蕾舞团、毕加索、曼·雷是她的盟友。她挥霍成性，荒唐任性的冒险举动让欧洲的上流社会都屏息凝神。她活着是为了自我展现，她那18世纪风格的假面舞会是最奢华和放肆的节日：其中有一次，当代最伟大的男舞蹈演员尼金斯基邀请最伟大的女舞蹈演员伊莎多拉·邓肯共舞一曲，这是他们人生中唯一一次共舞。1913年9月，她把威尼斯的圣马可广场装饰成了14 000平方米的舞池，举办大型假面舞会。不知道用了什么手段，她成功地贿赂了警察局局长和行政长官。就这样，整个圣马可广场化身为展示她怪诞的舞台。在午夜，她搭乘贡多拉而来，船体满是金箔，教堂钟楼里那口"不祥的钟"敲响了。路易莎·卡萨提热爱这种自创的游戏，喜欢这种怪诞的唯我独尊和魔鬼的风格。她躺进加布里埃尔·邓南遮的怀抱——这真的只是个时间问题。就算这个场景不可思议：当这两位疯狂的人下午在丽思酒店周围的大道散步时，这位女侯爵总是牵着她穿着衣服的小鳄鱼，用一根镶满钻石的绳子来控制它的速度。我之前说到哪里来着？对了，第一个吸尘器。抱歉我有点偏题了。

❋

伊莎多拉·邓肯为了麻痹自己的痛苦而在整个欧洲旅行。她的两个孩子在4月丧生了,这差点让她自己也跟着去了。这个时代最伟大的女舞蹈家连一步都无法迈开。即使在阿斯科纳的真理之山上,当她因为舞姿被奉为女神时,也一刻都无法忘记自己的痛苦。但是有一位女士知道如何安慰她:传说中的埃莱奥诺拉·杜塞。她应该是除了萨拉·伯恩哈特以外这个时代最伟大的女演员。她在1913年11月邀请对方到自己在维亚雷焦的瑞伽提别墅做客,几百米外便是贾科莫·普契尼的别墅。他正在那里和刚离婚的约瑟菲娜·冯·施特伦格燃起绵绵爱意。杜塞抱着伊莎多拉·邓肯,恳请她聊聊死去的孩子,说说她最思念的是什么,杜塞想要看他们的照片,听她回忆往事。在讲的过程中,伊莎多拉·邓肯不得不一再停下,一想到3岁的帕特里克、7岁的戴尔德和司机以及保姆一同在4月淹死在塞纳河里,剧烈的心痛让她张不开口,让她泪如泉涌。其他人都对这些痛苦避而不谈,以免刺激伊莎多拉·邓肯,可沉默只会让痛苦更加浓烈,杜塞是唯一一位真正帮助邓肯进行哀悼的人,并且通过哀悼来唤醒她的活力。雕塑家罗马诺·罗马内利来到了维亚雷焦,替她的布伦希尔德角色塑像——这是她在巴黎出演瓦格纳的歌剧《齐格弗里德》时扮演的角色。有一次,当她在短袖束腰长袍的遮蔽下一丝不挂地摆着造型时,罗马诺·罗马内利成了她的齐格弗里德。尽管这个名字听起来真的像小说人物——可能没有人相信确有其人:但他显然是货真价实的血肉之躯。伊莎多拉·邓肯不仅仅渴望成为布伦希尔德,她还渴望成为母亲,渴望忘记那件可怕的事情,渴望重新书写历史。她渴望怀孕,而她会怀孕的。1913年末,她的腹中有一位小罗马诺·罗马内利在成长。人们可以将此举称为一次成功的哀悼。

❀

正巧,美国生物学家艾尔弗雷德·斯特蒂文特首次发明了DNA检验。但是他第一次展示的染色体不属于小罗马内利,而属于一只黑腹果蝇。

1913年11月，皇帝威廉二世第一次感受到他的权力碰壁了：在探戈面前他无能为力。阿根廷音乐家在本世纪初来到巴黎，把来自南美洲的病毒在欧洲传播了开来。现在最大的疫区是伦敦、莫斯科、巴黎和柏林。探戈在拉丁语里的意思是：我触摸着。萧伯纳用英语说道："舞蹈是在纵向表达横向的渴望。"

但是皇帝威廉二世喜欢的是进行曲、波兰舞曲以及秩序和条理。正好在前一天抓到了自己儿子穿着军服跳探戈舞的德皇对于探戈有不同的理解："宫廷诏令在此：全体宫廷侍从、军官和新兵在公众及私下场合都不得跳这令人厌恶的舞蹈。皇室成员亦须遵守此令，拒绝异国陋俗。"但这一切都是徒劳。报纸上在报道"探戈热"，1913年末出版的《舞蹈介绍》中写道："原本理性的长者突然开始上课，学习跳探戈舞蹈了。"当权者们盛怒，以至于在巴黎的第十二届世界舞蹈教师大会上，探戈甚至登上了《国际舞蹈专业爱好者、服饰及舞姿学院》的黑名单。然而，这股狂热无视皇帝和舞蹈教师的禁令,仍然在蔓延。《周刊》杂志冬季刊里写道:"那些之前醉心政治和艺术的人,现在正在加入探戈迷的队伍。"越来越多的天主教牧师把探戈舞蹈视为"罪行",所以教皇庇护十世进行了相当重要的实地考察。在梵蒂冈一个美好的午后,他让年轻的王子安蒂奇·马泰伊和他的表姐伴着留声机的音乐表演探戈,来检查这种舞蹈是否会导致日后必须费尽全力才能宽恕的罪行。

教皇端坐在椅子上,观察着这对舞伴。他是否有能力对这些问题做出评判现在已经不重要了——总之,教皇庇护十世认为这整体看上去并不色情,却显然很辛苦。他质疑跳探戈是否真是一种享受,但他也并不认为探戈是种罪恶。所以,在这个下午之后,从梵蒂冈传来的不是禁令,而是允许——以及一个建议,与其跳探戈,还不如跳无伤大雅的福尔拉纳舞,这是一种威尼斯的民族舞蹈。当时庇护十世还不知道,仅仅九代教皇之后,一位探戈舞蹈演员弗兰齐斯库斯成为了上帝在尘世的代表。

※

瓦尔特·本雅明曾描述 19 世纪的人们是如何用布

料把自己像箱子一样包裹起来的。布料的窸窣声、材质、包裹着的腿和手臂,这代表着旧时代,也代表着1913年。高贵的女性只有脸和手露在外面,保守的女士衬衫和外套遮住上半身,长袖包住手臂,帽子包住头发以及长裙遮住双腿。男性着西装马甲配领带,经常也戴着帽子,完美地阻隔空气和阳光。在层层包裹下,人们觉得越来越透不过气便不足为奇了。不足为奇的事情还有,改革者们正是用阳光和新鲜的空气吸引被束缚的大城市居民来到阿斯科纳的真理之山;菲德斯、迪芬巴赫和古斯塔夫·格雷泽尔这些领袖人物也正是以此迷倒了一群女性。因为宽松的服饰之后立刻就应该轮到宽松的性道德,这是理所应当的。这股风潮也席卷了斯图加特:数百位裹得严严实实的女士朝圣般地参加了格雷泽尔在森林边的讲座,她们着迷地听着大胡子预言家的发言,接着在回家的途中对性解放的优缺点进行了漫长的思考。

※

柏林的选帝侯大街住着不多不少45位年收入达到

百万的富人，财产达到百万的富人数量是这个数据的3到4倍。因此，选帝侯大街遥遥领先成为德国最富裕的街道。

❊

来自摩拉维亚的神秘女男爵西多妮·纳德赫尔尼，于11月26日在布拉格的皇宫酒店写了封急报给卡尔·克劳斯："夜晚来吧。真诚的：西多妮。"他来了。第二天她幸福地在日记本上简明扼要地写道："第一次。"而克劳斯想必也同样满意，在令人陶醉的晚期浪漫主义、洋溢着的青年风格、神经症式的过度精巧、倾颓的维也纳；在施尼茨勒、霍夫曼斯塔尔、克林姆特和弗洛伊德所在的维也纳，遇到了一位女性，还是一位伯爵夫人，满足了他对性百无禁忌的渴望。"男性，"他写道，"有五感，女性只有一感。"但这一个感官对他来说似乎是个"原初的源泉"，让男性精神得以更新换代。在和西多妮的爱情中，他彻底改头换面了。然而他只有躺在她的怀抱里，才能把对这个世界的恨意放在一边。其他时候他的观点是："我对这个世界没有一点好的评价——只有你,才是有意义的。"

※

11月,保罗·克利在日记本里写下精彩的总结:"对艺术的唯一告白就是1913年。"他说得对。

1913年,现代的第一个年头:埃米·亨宁斯不知道她的视线应该朝前抑或朝后

12月

❋

12月1日,全世界首家加油站在匹兹堡开业。

❋

12月1日,西多妮·纳德赫尔尼在庆祝她的28岁生日。她的名字和爱慕者的名单一样长:西多妮·阿马莉·威廉米娜·卡罗利娜·尤丽叶·玛丽·纳德赫尔尼·冯·博鲁廷。不过在12月1日这一天,主要是两位祝贺的宾客对她的芳心展开了争夺。赖纳·马利亚·里尔克是其中一位,他不屈不挠、擅长共情、了解女性。在她亲爱的哥哥于1月过世的时候,里尔克用他不动声色的理解,找到了通往她内心阴影的唯一入口。她总是沉默不语,这让里尔克觉得意味深长。而且,里尔克让妻子克拉拉做了尊西多妮的半身雕像(他中意这种迂回游戏),现在就摆放在他们慕尼黑特罗格路的新家里。他写信给远方城堡里的西多妮:"我在抵达后的第三天就看到了您的半身像,您得先到这里再看一次摆在这里的这座雕像,它是金色调的,放在介于菠萝黄和橘子黄之间的浅黄色瑞典风格的屋子里,色调如此温暖、灿烂、珍贵以及如此美丽和安静,带着一些莫名的沉思和哀伤。"不管是怎样的沉思和哀伤,里尔克给她的信里总是会写到这些。不过他内心对她的迷恋已经降温了——这种情感在夏天的巴特里波尔茨奥更多是指向黑德维希·伯恩哈德,而现在到了冬天,其对象则变成了玛格达·冯·哈廷贝格——一位钢琴家、布索尼的学生。他给她写了成百上千封蓝灰色的信,饱受渴求之苦。1913年12月,他对西多妮更多的是占有欲,那是被卡尔·克劳斯的挑衅激起的。9月8日以来迅速陷入爱河的克劳斯,在西多妮面前对里尔克的称呼只是"那个马利亚"。在他们第一个夜晚,当她看着星星的时候,他们就在谈论那位诗人,他就像一只远处的鹰,总是作为第三者在他们二人世界上空盘旋。然后,里尔克会警告西多妮关于克劳斯的事情和他的犹太背景——很可悲,却是事实。但是现在,在这个12月,克劳斯显然是在这伟大爱情中神魂颠倒的那位:"哦,西迪""我在上帝面前的新娘""神圣美好的你""你这位幸福天使!毁灭者!拯救者!""我以前绝不信爱情会这样闯入我的内心""我被灼伤了"。这是卡尔·克劳斯写给西多妮·纳德赫尔尼的话。头脑清醒的时候,他是严肃的告诫者和预言家,尖刻的讽刺者和《火炬》杂志的独立创办者。而西多妮呢?这位聪慧的女士写道:"为什么爱情——无论是对男性还是女性——总是意味着毁灭呢?"她问得好。

❋

佳吉列夫想要复仇。他也在问自己:为什么爱情总是意味着毁灭?他的答案:因为爱情就是这样。在尼金斯基献身于一位女性后,他便把自己的得意作品从俄罗斯芭蕾舞团里赶走了。他撤下了尼金斯基在《约瑟夫的传奇》里舞蹈设计的职位。他用一封电报便解雇了后者。但要真正放下、翻篇,他知道,只有让一位新人走进他的心房、爬上他的床才可以。这魔幻的一年即将结束,他想要在莫斯科稍事休息,却突然在剧院的彩排中看到了一位非常漂亮的小配角,他端着一个盛了一片火腿的餐盘走上了舞台。第二天晚上,他看到了这位演员在《天鹅湖》中跳的塔兰泰拉舞还凑合。他叫列昂尼德·米亚辛,之后为人熟知的名字是莱奥尼德·马西涅。佳吉列夫立刻把他招进了俄罗斯芭蕾舞团,第二天就和他一起前往圣彼得堡,参观了艾尔米塔什博物馆,并且晚上立刻上了床。佳吉列夫找到了新的明星。列昂尼德·米亚辛成为了《约瑟夫的传奇》的主角,这本是里夏德·施特劳斯和胡戈·冯·霍夫曼斯塔尔为尼金斯基设计的角色。不过,尼金斯基和罗慕拉至少得到了一个孩子。

❀

在12月2日漆黑的凌晨,丹麦女作家凯伦·布里克森离开了伦斯特德的农庄,这是她儿童和青少年时期的家,启程前往"非洲,迷人的黑色世界",这也将是她以后小说的主题。她想要在英属东非和未婚夫瑞典男爵布罗尔·冯·布里克森-芬内克布罗尔成婚,开启更自由的新生活。四年前,凯伦就曾爱上一位男爵冯·布里克森-芬内克,他叫汉斯,是现在未婚夫的兄弟,但是对方拒绝了她。于是她现在试着和布罗尔搬到非洲,经营奶牛牧场,就像她听说的杰克·伦敦的农场那样。她渴望离开丹麦的逼仄,向往温暖和阳光。布罗尔在1913年夏天先行出发,在内罗毕南边恩贡山的山脚买下了800公顷的姆巴茨农场——是凯伦的娘家出的资,因为新郎破产了。交易完成后,凯伦便收拾行李。她的母亲英厄堡和小妹埃伦陪着她搭乘火车,在漫漫长途中穿越欧洲。这三位女士还在那不勒斯庆祝了圣诞节,度了几天假;她们沉浸在圣诞气氛和意大利南部的颂歌中,"远离非洲"。12月28日,凯伦·布里克森登船前往蒙巴萨。布罗尔将在1月份接到她,并且真的和她结婚,但这是后话了。更重要的是,在海上漂了3天之后,她在跨年之夜就爱上了一位德国中校保罗·冯·莱托-福贝克,他之后成了德属东非皇家护卫队的指挥官。为了让他能够留在自己身边,凯伦索性就让这位新欢充当自己的证婚人。让人失望的是,她的丈夫做了件蠢事:他没有按照计划购买奶牛牧场,而是买下了咖啡农场。但可惜种植地的海拔奇高,咖啡树总是枯死,那些非洲人则很开心碰上一个欧洲冤大头买下了这块土地。而更让人失望的是,她的丈夫在新婚之夜就把梅毒传给了她——她不久之后就不得不返回欧洲治疗,并且一辈子饱受病痛之苦。显然,这是她的丈夫在去非洲途中的妓院里染上的。这个病对凯伦·布里克森来说是一种特别的打击:她自己的父亲,一位严格的新教徒,在1895年上吊自杀了。医生诊断他患上了梅毒,而他不想家族蒙受耻辱。现在,他可怜的女儿又在新婚之夜被传染了。这真可谓家族命运。

❊

俄国的飞行员们在1913年首次驾驶飞机表演了翻筋斗,但要说到完美地以自己为中心旋转这种事,没有人能做到俄国诗人弗拉基米尔·玛雅科夫斯基那样完美。12月2日,当凯伦·布里克森出发前往非洲时,人们在圣彼得堡庆祝弗拉基米尔·玛雅科夫斯基的《弗拉基米尔·玛雅科夫斯基,一场悲剧》首演。主角自然是弗拉基米尔·玛雅科夫斯基本人。而剧名和作者同名,这本是圣彼得堡审查机构的疏忽,但作者觉得这是歪打正着。

❊

挑战带来成长。所以年轻聪明的俄国革命家们立马就对太阳发出了挑战。哦！也不是：他们有部大胆的未来主义歌剧《战胜太阳》，其名字已经宣布了胜利。12月3日晚上9点，以卡济米尔·马列维奇为首的艺术家们在圣彼得堡的月神公园举行了它的首演，这是俄国现代主义的宇宙大爆炸，音乐剧所有的传统逻辑都被扫到一旁。他们所呈现的是粗糙的整体艺术作品，纯粹的音节诗歌，让人迷惑不解的声响和灯光效果，剧中有人物的名字叫"恶意的路人甲"和"啰嗦的打电话的人"，而在舞台的幕布上，人们看到了马列维奇第一个黑色方块。这据说是"众多可能性的萌芽"。但是马列维奇没能把他那"未来主义的大力士"搬上舞台，这个设备"一方面能储存电力，另一方面按下按钮就能释放电力"。但是《战胜太阳》的两句结束语倒是响亮："世界当然会毁灭。但是我们不会休止。"由此可见1913年之际整个俄国革命的狂热，毁灭是创造的原则，结束是新开端的前提。这部未来主义歌剧《战胜太阳》里混乱且让人摸不着头脑的音乐出自米哈伊尔·马特尤斯钦之手。同样出自他手的还有他对1913年各类艺术做出的最准确的诊断："绘画都是色块和视角的推移，形状和颜色的变幻跳脱。音乐的创新都是新的和声,新的半音音阶和新的音域。创造文字,随后出现文字和意义分离:文字有独立于意义的权利。造成的结果是:绘画方面,我们已厌倦的古典学院派作品在消亡;音乐方面,我们已厌倦的全音阶体系、旧日音调在消亡;文学方面,我们已厌倦的陈词滥调、牵强附会的文字在消亡。"也就是说:旧的得先消亡,新的方能开始。这是1913年末文化大国俄国的状况。

❋

1912年的阿拉斯加卡特迈火山喷发导致1913年一整年的天空都是雾蒙蒙的,这让人感到新奇和怪异。阳光不再普照,天气转凉,整年的降雨量也比往年更多。火山灰不仅在美国,而且在欧洲也造成了被专家们称为"大气视觉阴霾"的现象,具体表现为"太阳周围出现了明显的烟雾层"。1914年起,观测天空的人将会觉得有些无趣。后来卡尔·多诺在达沃斯写道:"自1914年1月起,有一段时期可观察到的气象现象数量很少,只有发生一场混乱才能重新注入活力。"这到底指的是下一次火山喷发还是下一场战争,答案并不明确。天文学家和气象学家论证时偏好保守。但是托马斯·曼会喜欢这种谨慎的,他是在为《魔山》搜集资料时结识了在达沃斯物理气象观测站的多诺。

✺

12月5日,阿斯塔·尼尔森的电影《电影女主角》举行了首映。这个荒诞的故事是这样的:一位编剧爱上了女主角,而她却爱着另一个男人。这个男人赌博、酗酒,所以需要钱,于是这位已经身体抱恙的女演员参与了巡演。等她把钱交给对方的时候,那个男人卑鄙地抛弃了她。她重新回到了编剧身边,而他之前在绝望中把他们的故事写成了电影剧本。所以这位演员扮演的其实是她自己。最后一幕,女演员(也就是阿斯塔·尼尔森)死了,倒在了编剧的怀里。这真是一场玩弄电影创作和现实的荒诞游戏。女演员死去的时候穿着丑角的服饰——编剧也一样。所以他们在死亡中合二为一了。埃里希·赫克尔这位伟大的桥社画家在12月5日傍晚激动地走出选帝侯大街的电影院,两位丑角出现的结束那一幕尤其深深打动了他。他回到家,今天不会再擦靴子了,因为他不再相信尼古拉斯了。他相信的只有艺术了。所以他在晚上开始创作蚀刻版画《垂死的丑角》。他的脑海里萦绕着电影的最后一幕,所以画中丑角的头部也是扭曲的。不久之后他开始画《死亡的丑角》,在这幅作品里,阿斯塔·尼尔森戏服的环领变成了某种圣光。这是一幅画家在看完电影后为了电影而创作的画,而在电影中,女演员饰演的角色是以死亡告终的女演员——最后也真的死了。1913年末的艺术和生活是如此地交叠纠缠。

❊

12月6日,《行动》杂志为奥托·格罗斯出版了一期特刊。这位精神分析师,被鸦片、对女性和真理的爱驱使,在真理之山、柏林、慕尼黑顽强地反抗威廉主义的陈腐。11月,他的父亲宣称他疯了,并把他送进了精神病院。诗人们发起反抗,埃里希·米萨姆、弗兰茨·荣格(格罗斯是在他的住处被警察逮捕的)、埃尔泽·拉斯克-许勒、约翰内斯·罗伯特·贝歇尔、雅各布·冯·霍迪斯、雷内·席克勒都写下愤怒的诗句。格罗斯父子之间的对抗成为了典型的代际斗争,儿子反抗父亲,青年反抗长者。可惜胜利者是父亲。不过至少戈特弗里德·贝恩这一年出版的诗集叫《儿子们》,其扉页是路德维希·迈德纳画的《末日风景》。

❋

12月9日,保尔·苏代,法国最重要的文学批评家,在点评马塞尔·普鲁斯特刚出版的《追忆似水年华》时说道:"该作品毫无章法且杂乱无章。"但不管怎样,这几百页的文字里也有一些相当可取之处,这些内容"本应该被做成一本不错的小书"。

❋

12月13日,德国第一座海因里希·海涅的纪念雕像在法兰克福揭开了面纱。在雕刻这位肩膀宽厚的19世纪德国诗人时,雕刻家科尔贝做了件荒唐的事,他参考的模特是刚离开佳吉列夫的"牧神"、瘦削的舞蹈家尼金斯基。他恰好在科尔贝收到这个雕刻订单时,造访在巴黎的工作室。所以,海涅的雕像成了一位纤细柔美的少年,他正踏着舞步离开一位赤裸的女性,并踮起脚尖保持平衡。面对大家的错愕,科尔贝称他的雕像只是想要表达海涅诗歌的轻快,没有其他多余的想法。

❖

卡尔·威廉·迪芬巴赫在19世纪的最后一天找到了阿诺德·勃克林的《死亡之岛》,这应该是19世纪德国艺术中最著名的画作了。1899年12月31日,当他的船停靠在卡普里岛时,他预感到在这里,在这座死亡之岛上,他将开启一段新生活。他已经试过在伊萨尔河谷、在赫尔克里格斯罗伊特彻底改造自己和世界。但是光听这些地名就知道不会成功。现在是:卡普里。他想要在这里培养全新的人类。住在岛上另一侧的高尔基曾经也尝试过同样的事情:把俄国工人阶级的孩子们培养成革命者。迪芬巴赫想要通过素食主义、运动和基督教的奥秘来对抗工业化和资本主义。他提倡空气、阳光、顺势疗法、瑜伽、性解放和社区生活,重点是要"像柔软的蜡一样"接受迪芬巴赫的"改造和塑形"。近一两年迪芬巴赫的生活发生了改变，其中最极端的是每隔几个月他的身边就会出现一位新的女性，回顾这些历史能看出他对出身德国古老贵族家庭的金发女郎的偏爱。她们在卡普里奎西萨那酒店小住几日，然后在散步时被这位满脸胡须、身穿僧衣、眼神狂野的人吸引，就此沉迷。迪芬巴赫在卡普里岛上尽情享受着性。"女性"的任务在于，他明确指出，"满足我无法抵挡的与生俱来的性欲"。他的妻子米娜的妹妹玛丽·福格勒也得满足他的性欲，家里经常为此争吵不休——这是肯定的。1912年，也就是前一年，他在卡普里岛上认识了一位高雅的年轻俄国女性欧金尼娅·冯·赖因克，她起初只想从那不勒斯过来待上几天，接着还是成了他后宫的一员。这之后还有阿格内斯·博格勒·冯·普兰肯费尔特，她从维也纳时代便是他的崇拜者，现在重新献身于他，迪芬巴赫同样也希望和她在一起能找到"更好的自己"。最后在1913年，他在卡普里散步时遇到了来自东普鲁士的庄园主玛尔塔·罗加拉·冯·比贝尔施奉因——他期盼了一生的灵魂伴侣。但是迪芬巴赫没有太多的时间给这些女士，因为在卡普里岛上他首先得作画，夜晚也得画。

自浪漫主义时期以来,这里就成为了德国人的向往之岛。已经消失很久的神秘的蓝洞恰巧是被一位德国画家在潜水时发现的。这位奥古斯特·科皮施原本就以创作家务小精灵的童话而出名,这自然让蓝洞重现天日的故事更添传奇色彩。所以在迪芬巴赫到来之前,卡普里主要是蓝色的。悬在上空的是金色的太阳。但是迪芬巴赫会一直等待着,直到太阳在卡普里岛后方落下,沉入海里。然后,当天色渐暗,海浪的泡沫在月光下闪烁,当海浪拍击石灰岩发出雷鸣般的声响,当海鸥突然尖叫——像格奥尔格·特拉克尔诗里的鸟叫一样,直到这时,迪芬巴赫才带着他的画架和油画颜料走向沙滩。月色朦胧,周围是夜色中呼啸的大海,此时他开始用各种黑色作画,伟大的历史人物从他画里的黑色洪流中涌现:埃及众神、奥德赛、耶稣、但丁,画面上方总是出现海鸥,它们冷不丁的尖叫几乎闪过他的每一幅画。那些巨幅画作上面的黑色呈颗粒状,那是他往里面掺杂了沙滩的沙子,把沙子揉进了颜料里,直到它像黑夜一样漆黑,他不停地画。然后,当曙光逐渐亮起,可以看见远处地平线上第一缕温暖的光芒时，迪芬巴赫便收拾他的东西。他背着画架，一只手拿着还湿着的画布，另一只手拿着画笔和颜料，迎着阳光走回家。他把画放在起居室里，让所有人醒来时都能看到，让他们惊叹、感动、膜拜，而大师自己走进卧室，再次看向天空，开口祈祷，脱下宽松的亚麻衣服，换上宽松的亚麻睡衣，一直睡到白天，并希望这黄金时代的一天也将会以漆黑的夜晚结束。然后，在1913年12月13日这个最具有象征意义的一天，卡普里岛成为了迪芬巴赫永恒的死亡之岛。当太阳在四点半左右落下时，熄灭的还有这位伟大的生活改革家、疯子、天才和浪荡公子卡尔·威廉·迪芬巴赫的生命之光。

❋

1913年12月13日，卡尔·威廉·迪芬巴赫过世的那天，30岁的卡尔·雅斯贝尔斯向海德堡大学哲学系提交了他的《普通精神病理学》作为心理学系教授资格论文。于是，他给精神病学留下了一部经典教科书，而自己接着转身走向了哲学。

❄

从12月13日到17日，德国热气球飞行家胡戈·考伦在空中连续停留了87个小时。12月13日黎明，他搭乘热气球在比特费尔德起飞，到12月17日才降落在2 828千米之外位于俄国乌拉尔山脉的彼尔姆附近一片人迹罕至的草原。他唯一携带的地图是幅老旧的教学地图，否则他可能会选个更美的旅游目的地。接下来三天，他和两位同行人员坐上狗拉的雪橇前往附近大一些的聚居区，并立刻被拉回现实：他们因为间谍嫌疑遭到了逮捕。但是当俄国士兵在他们身上搜到可笑的教学地图时，便释放了考伦一行人。一直到离世那天，他都在怀念在空中的这五天。直到1976年，才有人在空中停留时间上超过了我们这位来自比特费尔德的好人胡戈·考伦。

❄

12月19日，杰克·约翰逊和来自田纳西州孟菲斯的挑战者吉姆·约翰逊在巴黎进行拳击比赛，争夺重量级拳击世界冠军的头衔。赛前就确定的事实是：新的世界冠军叫约翰逊。其他一切都不确定。这是第一次在世界冠军决赛中出现两位拳击手都是黑人的情况，对此，全世界的媒体争相报道。杰克·约翰逊刚从美国逃到欧洲，因为他在家乡被告上了法庭并且被判处一年有期徒刑。当地法律禁止出于"不道德目的"在美国跨州运送妇女。官方出台这个法条针对的是卖淫现象。但它对约翰逊的案子也适用：他和一位白人女性有了婚外情，并从另外一个联邦州给她寄了一张火车票，邀请她来观看自己的比赛。杰克·约翰逊没有接受这个判罚，转而逃到了欧洲。12月19日在巴黎蒙马特爱丽舍举行的这场比赛肯定非常蹊跷。从第三回合开始，约翰逊只用右臂，而左臂就垂着。但他的对手没有利用这个机会发起进攻，只在第七回合出了两记有力的勾拳。馆内观众嚷着要退款，因为拳击台上没什么可看的。据说杰克·约翰逊第二回合的时候手臂断了。但是没人相信。这场比赛在十个回合后结束，比分相同。这样，杰克·约翰逊保住了世界冠军的头衔。乔治·布拉克，画家和拳击手，鼓了掌，回家后画了一幅立体主义风格的拳击台。加布里埃尔·邓南遮,作家和拳击手,回家后朝着被他打扮成希腊女神的沙袋打了几拳。

※

阿图尔·施尼茨勒的《儿戏恋爱》在电影院上映了。这是一个关于决斗的故事,决斗发生时,被下战书的一方已经完全不在意任何有关他那位情人的事情了。这也是一个关于错误时机的故事。12月20日,施尼茨勒在维也纳看了电影的点映。他在日记中记录道:"总体来说,一般般。"这位诗人不满意的点在于决斗的场景。关于那个部分,他说:"摄像方面还有很多可以发挥的空间。"《电影放映机》杂志完全不这么认为。有篇影评说:"几乎没有电影能像《儿戏恋爱》一样如此逼真地再现维也纳享乐氛围中特有的听天由命。"

※

斯蒂芬·茨威格正置身于维也纳的享乐氛围中,他在日记中写道:"一种美妙的无忧无虑笼罩着这个世界,因为如果发展和热情可以不断从自身汲取新的力量,那有什么会打断这种发展,会遏制这种热情呢?欧洲前所未有地强大、富裕、美丽。没有人比现在更真心相信未来还会更美好。"唉,错了。可惜茨威格1942年发表这段文字时,书的名字是《昨日的世界》。

❄

埃米·亨宁斯,28岁,一头金色短发,带着渴望的眼神和弗伦斯堡人的美妙的冷淡。她曾在卡托维兹和布达佩斯的歌舞剧院登台演唱,然后在秋天回到了慕尼黑利奥波德街4号,回到了施瓦本的美好中。这位演员、歌手、喜剧演员的生活和爱情都非常随性,从1910年到1915年,仅仅在慕尼黑户籍管理处她就迁入迁出了26次。一位走弯路的女士。她晚上经常在慕尼黑的痴儿西木餐馆演唱。然后继续迁徙:从利奥波德大街继续前往柏林。在林登小酒馆,她身穿绿色的雪纺绸裙,在台上歌声如梦似幻。接着不久之后,以"丹麦未来主义者"的身份在柏林拱廊剧场的比尔小酒馆登场。她一直处在精神崩溃的边缘——毒品以及在歌唱表演结束后不得不在旁边的雅座出卖肉体时的恶心,让她的自我厌恶与日俱增。总之,不知道是什么原因,这位来自北方的奇女子在1913年末从低级娱乐场所的舞蹈演员摇身一变,成了文学家的宠儿。弗兰克·韦德金德为她写下《雷鸣之歌》,卡尔·克劳斯被她的文章吸引,克拉邦德也为之着迷。她在库尔特·沃尔夫出版社先是以身体闻名,她的画家情人赖因霍尔德·容汉斯出版了一本作品集,名字是《一个女性主题的变体》(因为这些裸体画,她的母亲永远不会原谅她,但是这让她在施瓦本出了名)。然后容汉斯向他的编辑弗朗茨·韦费尔展示了他的模特写的几首诗。他被"触动了",一眼就看出了她的才华,于是请她再寄几首诗,并在见过她的身体四个月后,出版了她的第一本诗集《最后的欢愉》,这个名字很贴切。雅各布·冯·霍迪斯当然也为之倾心,这位写出《世界末日》的诗人吸毒成瘾,几近疯癫,他迷上了她和她绿色的眼睛。她也迷上了他。不过他们的感情也很短暂:西方咖啡馆里过量的毒品、过量的疼痛、过量的酒精。费迪南德·哈尔德科普夫在《行动》杂志里这样描述她:"有谁能阻挡这位女孩,这位拥有文学家的歇斯底里、容易被激怒以及情绪浓烈到撕裂头脑的女孩,膨胀成一场雪崩呢？"似乎没有人。但后来雨果·巴尔出现了，当时他仍然是表现主义者，还不是达达主义者。埃米·亨宁斯描述过他们的第一次见面："他递给我一首诗《刽子手》，我几乎不敢接过来，因为太可怕了。他读给我听，我只觉得恐惧，不知道是因为这些词句还是因为这个人。"亨宁斯克服了她的惊惧，但德国审查机构没有：第一期《革命》杂志刊登了巴尔的《刽子手》，接着遭到了查禁，人们指控可怜的出版商传播淫秽作品，巴尔被告上了帝国法庭。但这时候埃米·亨宁斯早就成了他的支持者。

❆

卡夫卡好几天没有收到未婚妻菲丽丝·鲍尔的消息了，他托朋友恩斯特·魏斯去她在柏林的公司林德奎斯特的办公室找她，请她给一个答复。12月20日，菲丽丝果真发了封电报到布拉格给他，并承诺会写信。但她没有写。于是弗兰茨·卡夫卡打电话给她。她又向他承诺，马上写信。但她还是没有写。一天之后，卡夫卡给她发来电报："未收到信。"接着，菲丽丝回了封电报说,她写给卡夫卡的信现在准备好寄出了,但请他圣诞节不要来柏林找她。他在绝望中和父母一起度过了这个节日。接着,12月29日,菲丽丝·鲍尔说了几周的信被塞到了信箱里,七个多星期以来的第一封。这是封分手信。"如果结婚,"她写道,"我们两人都会必须放弃很多东西。"接下来的内容他没有继续读下去。他哭了。他开始回信,这封信正如一年前的那封信一样,也需要四天。跨年夜,他又坐在敞开的窗户前,不停地写。他例行公事般地再次询问,两个人是否还有办法继续走下去,但其实他知道,连他自己也不相信这个未来了。然后钟敲响了12下,烟花腾空而起,伴随着绚烂的色彩,尖锐的声音升入城堡区的暗夜,在高空中渐渐熄灭,然后重重地落在地上。卡夫卡继续写,最后写了35页,不可置信。他再一次请求牵她的手。当然还是用他自己特有的方式,即用虚拟式写就的宣誓:"我在婚后也将会是原本的我,如果你愿意的话,这是你即将面对的不幸。"菲丽丝在这个句子下面重重画了一道。但是直到本书编辑收尾的时候他还没有收到回复。

自己的孩子突然出现在自己生活的门口，弗兰克·韦德金德惊愕不已。当现实在门口按响门铃的时候，这位《露露》和《春之觉醒》的作者，也就是说对生活艰苦的现实相当有好感的人，却还是彻底地手足无措。对方是在夏天第一次联系他的，这位弗里德里希·斯特林德贝里，现年16岁，是韦德金德的第一个儿子，他们已经15年没有见过了。他用工整的聚特林字体写信，请求和父亲见一面。这个可怜的弗里茨称呼他为韦德金德先生，带着笨拙和不确定，如果孩子是在祖母身边长大而只是从报纸上了解父亲，自然会这样。现在弗里茨每周都写矫揉造作的信："我是多么期待见到韦德金德先生，期待重逢。"并且他开始在信中附上自己的诗歌和戏剧。真可谓有其父必有其子。韦德金德会礼貌地回应，但对在自己慕尼黑的家里接待自己的儿子弗里茨这件事感到恐慌。他在日记中写道："不安到记不住自己的角色。"然后，12月23日，弗里茨真的从维也纳坐火车来了，按响了"韦德金德先生"的门铃。但是他在睡觉,和以往一样睡到中午。妻子蒂莉努力营造融洽的气氛,同父异母的几个妹妹则躲在门后打量着他。蒂莉在为圣诞节作准备,弗里茨碍事了。她打发他去城里参观博物馆,并且从戏剧服装道具里拿了条领带借给了他。当韦德金德醒来时,他大声质问蒂莉为什么要借领带给他的儿子。西格蒙德·弗洛伊德要是知道了肯定会觉得有意思。其他人则会觉得痛苦。总之,这个儿子肯定是戴着领带回来了。总之,他们应该是五个人一道庆祝圣诞的。弗兰克和蒂莉·韦德金德的日记里对此只字未提,因为他们感到羞耻。

※

保罗·克利于圣诞节从慕尼黑前往伯尔尼的父母那里。然后他在日记里精准地记录了一个无解的困境,也就是在童年的家中庆祝圣诞节的诱惑和潜在的冲突:"人们知道,在父母家里庆祝圣诞曾经是美好的、幸福的,而现在仍然是美好的、幸福的。是的,这很难反驳。但是预感正好相反。真可怕,童年时代的情景清晰地出现在我眼前。"

❋

12月25日,D. H. 劳伦斯正享受着作品《儿子与情人》带来的成功,以及爱人弗丽达·冯·里希特霍芬的陪伴。他坐在热那亚的一个港口酒馆里,在日记本里写道:"我的信仰是,我坚信每个人的血肉比智识更为聪明。我们的头脑会犯错,但我们的鲜血感受的、想要表达的总是真实的。"

❋

德古拉伯爵若是听到这句话将会心一笑。可惜他在人间的代言人八周前刚刚过世。这位来自布达佩斯的土耳其学家阿米纽斯·万贝里给布拉姆·斯托克提供了德古拉伯爵这个角色的所有重要的历史细节。解剖报告里没有提到颈部有咬伤。

❋

12月26日,71岁的美国著名作家安布罗斯·比尔斯失踪了，并且留下了一句名言："明天我将离去，不知去向何方。"他是美国出版界永恒的愤世嫉俗的男人，牙尖嘴利、尖刻伤人、以刻薄的讽刺著称。他曾说过，他的节目，在于批判一切，"包括各种统治形式，大部分法律和习俗以及整个现代文学"。他消失了，美国就消停了一些。因为在1913这年的圣诞节假期的第二天，他消失得无影无踪，而荒谬的说法立马就传了出来。他是在墨西哥战争的混乱中丧生了，就像一些人猜测或者像他暗示的那样？或者他是被外星人绑架了？还是说他被印第安人吃了？一切皆有可能。

但是当人们读完他1913年秋天寄给朋友和对手的那些意有所指的信，根据里面所有的对生活的苦涩回顾，他们可以推出，那个不确定的目的地完全可能是彼岸，他把自己渡过去的彼岸。比尔斯一辈子都痴迷于自杀，甚至有次出版了自杀的说明书："剃须刀是非常可靠的工具，只是使用前必须具备颈动脉位置相关知识，并在任务完成后预计至少等半个小时。"1913年12月26日这一天，标志着安布罗斯·比尔斯结束了在人间的任务。

※

奥匈帝国皇帝弗朗茨·约瑟夫如今的在位时间进入了更难以置信的第65个年头。他想要在圣诞节假期第一天的午饭享用维也纳猪排。遵命。

※

只可惜1913这一年的日记本被这位非常大大咧咧的埃里希·米萨姆弄丢了。但是他在巴代路1a号为自己那本名为《该隐》的人性杂志的最后一期写了一篇短文,标题为《回顾1913》。可惜内容是这样的:"迷信的人如果相信13这个数字寓意不祥,那他们完全可以把过去的一年当作例证。全世界以政治之名进行的事情反映的是奴役、血腥和愚蠢。对欧洲而言,1913这一年意味着所有政治手腕的破产。后果是所有国家都因为对战争的恐惧在经济上蒙受了巨大损失,这已经有战争本身的意味了。所有国家的军队规模都在不断扩大,这最终会招致世界大战这种灾难。"还有问题吗?

❖

约翰内斯·盖革发明了一种仪器来检测 α 射线穿过物质时出现的偏折,以及一种用于探测带电的和中性的粒子的测量仪器,即盖革计数器。

❖

鬼火般神出鬼没的表现主义诗人阿尔弗雷德·利希滕施泰因写出了《预言》,这首诗发表在1913年放荡不羁的年轻诗人都会发表作品的地方:弗兰茨·普芬佛特的《行动》杂志。这本先锋主义者的周刊如今"坐落"在柏林拿绍街16号,拥有超过7 000名读者。而利希滕施泰因10月在《消夏》这首诗里渴望的末日,似乎总算在1913年12月成真了。利希滕施泰因的诗奇异地混合了贝恩、布莱希特、克斯特纳,但还是相当地利希滕施泰因:

有一次——有预兆——
远处的北方袭来死亡风暴

尸臭味弥漫

大屠杀开始

接着都是这样的场景：在凭空想象的末日场景中，少女们爆炸，公交车倾覆。利希滕施泰因描写的场景，正是路德维希·迈德纳同一时间在柏林画的《末日风景》中的情景。10月1日，利希滕施泰因以志愿者的身份加入拜仁第二步兵团，服役一年。说"一年"这个时间是认真的：1914年9月25日他战死沙场，正好是一年后。阿尔弗雷德·利希滕施泰因的军衔是一个兑现的预言。

❉

禁止在拜罗伊特以外的地区表演理查德·瓦格纳的《帕西法尔》的规定于1914年1月1日正式失效。但是巴塞罗那的利塞乌大剧院不想等这么久。他们12月31日就将《帕西法尔》搬上了舞台。就在午夜前几秒，当外面兰布拉大道上点燃烟花时，音乐家们奏响了第一小节，此时理查德·瓦格纳的作品过了版权保护期。

❄

1913年12月31日,卡尔·施特恩海姆在写《1913》这部作品。他意识到过去这一年是非常特殊的一年。这一天他写下了这部戏剧的口号:"世界离获得救赎总是只差一点儿。"

❄

卡济米尔·马列维奇和他黑方块的脑袋坐在书桌前,外面大雪纷飞,他很冷。在他的桌上是鲍里斯·帕斯捷尔纳克刚出版的诗歌处女作《云雾中的双子星座》(这名字很美)。马列维奇在写一篇小文章,标题是《1913年》,是个年度总结。其实,该文的重点是攀升、新的飞机和新的体验:无论是否是双子星座,人类突然可以从上方俯视云朵了,以及这一切是如何搅乱人类内心的。"我们一旦抵达了天空,那接下来的任务就是获得上帝所有的能力:无所不见,无所不能,无所不知。"1913年的艺术家们觉得自己强大至此。人类现在可以从上方俯视云层,这种感觉把所有人都神奇地吸引到了机场,包括弗兰茨·卡夫卡、格哈特·豪普特曼、加布里埃尔·邓南遮和马列维奇。从地面扶摇直上,这是现代主义的一大激进之举。同时,弗洛伊德在他的《图腾与禁忌》里追寻远古的仪式,正如斯特拉文斯基在《春之祭》鼓点声中的吟唱里,恩斯特·路德维希·基尔希纳在用船舱板雕刻的南太平洋岛风格的作品里追求的一样。但是这一切都不再彼此对立。这一切都在这一年同时发生,过去、现在和未来密不可分地交叠在今年开篇或者收尾的世纪小说里:在詹姆斯·乔伊斯的《尤利西斯》里、穆齐尔的《没有个性的人》里、普鲁斯特的《追忆似水年华》里以及托马斯·曼的《魔山》里。在艺术界,抽象主义、立体主义、那些支离破碎的形式、那些渴望、那些沸腾的宣言,从马塞尔·杜尚的第一个现成品到马列维奇的原始黑方块之间拉出了一条无穷的抛物线。也许世界从来没有像这一年这样地高速前进。毫不奇怪,亨利·福特发明了流水线,太平洋和大西洋的海水在巴拿马运河汇合,过去没有人能像在1913这一年这样飞得那么高、那么远、那么快。这是怎样的一年啊!1913年12月,克拉拉·伯格恰好出版了一本书,书名充满了信心:《世界谜题可解》。

❋

那世界其他地方情况怎么样呢? 1913 年 12 月 31 日,里斯本,伟大的葡萄牙诗人费尔南多·佩索阿在日记里写道:"命运的安排都会一一兑现。"希望他的话能成真。

❋

跨年夜的赫岑多夫宫,分娩的阵痛向奥地利大公夫人齐塔袭来。痛的时间有点长,这也可能正符合即将出生的女儿的名字长度:阿德海德·玛丽亚·约瑟法·西克斯塔·安东尼娅·罗伯塔·奥托尼亚·齐塔·夏洛特·路易丝·伊马库拉达·皮娅·特蕾西娅·贝娅特丽克丝·弗兰齐斯卡·伊莎贝拉·亨丽埃塔·马克西米利安娜·杰诺韦瓦·伊格纳季娅·马库斯·德维亚诺通过产道的时间当然要更长一些。即将成为父亲的弗朗茨·斐迪南大公,希望这个孩子的降生能够成为即将来临的 1914 这一年的吉兆。

主要参考文献

本书参考了数量繁多的参考书目与文化史资料。下面记录了其中最主要的一些,感谢它们的作者对本书的重要指导。

Adolphs, Volker / Hoberg, Annegret (Hrsg.): *August Macke und Franz Marc. Eine Künstlerfreundschaft.* Ausstellungskatalog. Ostfildern 2014.

Albertina, Wien (Hrsg.): *Egon Schiele.* Ausstellungskatalog. München 2017.

Andreas-Salomé, Lou: *In der Schule bei Freud. Tagebuch eines Jahres* (1912/1913). Frankfurt am Main u. a. 1983.

Astruc, Gabriel: *Meine Skandale. Strauss, Debussy, Struwinsky.* Berlin 2016.

Bauermeister, Christiane / Hertling, Nele (Hrsg.): *Sieg über die Sonne. Aspekte russischer Kunst zu Beginn des 20. Jahrhunderts.* Ausstellungskatalog. Berlin 1983.

Bellin, Klaus: *Das Weimar des Harry Graf Kessler.* Mit Photographien von Angelika Fischer. Berlin 2013.

Becker, Ingeborg / Marchal, Stephanie (Hrsg.): *Julius Meier-Graefe. Grenzgänger der Künste.* Berlin / München 2017.

Benn, Gottfried: *»Absinth schlürft man mit Strohhalm, Lyrik mit Rotstift.« Ausgewählte Briefe* 1904–1956. Hrsg. von Holger Hof. Göttingen 2017.

Benn, Gottfried: *Söhne. Neue Gedichte.* Berlin 1913.

Berg, Clara: *Die Welträtsel sind lösbar. Skizzen.* Berlin 1913.

Morris, Roy: *Ambrose Bierce. Allein in schlechter Gesellschaft. Eine Biographie.* Zürich 1999.

Bilang, Karla (Hrsg.): *Kandinsky, Münter, Walden. Briefe und Schriften.* 1912–1914. Bern 2012.

Birthälmer, Antje / Finckh, Gerhard (Hrsg.): *Der Sturm. Zentrum der Avantgarde.* Ausstellungskatalog, Band 1. Wuppertal 2012.

Bollmann, Stefan: *Monte Verità. 1900. Der Traum vom alternativen Leben beginnt.* München 2017.

Buckle, Richard: *Nijinsky.* Herford 1987.

Bunin, Iwan: *Ein Herr aus San Francisco. Erzählungen* 1914/1915. Zürich 2017.

Brecht, Bertolt: *Briefe.* Hrsg. von Günter Glaeser. 2 Bände. Frankfurt am Main 1981.

Brugger, Ingried et al. (Hrsg.): *Liebe in Zeiten der Revolution. Künstlerpaare der russischen Avantgarde.* Ausstellungskatalog. Wien 2015.

Busold, Stefanie: Henry P. Newman. *Hamburger Großkaufmann und Mäzen.* Hamburg 2012.

Chanel, Coco: *Die Kunst, Chanel zu sein.* Aufgezeichnet von Paul Morand. München 2012.

Christie's: *The Collection of Peggy and David Rockefeller.* Band 1. Auktionskatalog. New York 2018.

Cowling, Elizabeth et al. (Hrsg.): *Matisse Picasso.* Ausstellungskatalog. London 2002.

Csáth, Géza: *Tagebuch* 1912–1913. Berlin 1990.

Decker, Kerstin: *Lou Andreas-Salomé. Der bittersüße Funke Ich.* Berlin 2012.

De Padova, Thomas: *Allein gegen die Schwerkraft. Einstein* 1914–1918. München/Berlin 2017.

Der Sturm. Herwarth Walden und die Europäische Avantgarde, Berlin 1912–1932. Ausstellungskatalog der Nationalgalerie. Berlin 1961.

Die Aktion. Wochenzeitschrift für Politik, Literatur und Kunst. Hrsg. von Franz Pfemfert. Auswahl von Thomas Rietzschel. Köln 1987.

Durieux, Tilla: *Eine Tür fällt ins Schloss.* Berlin 1928.

Echte, Bernhard/Feilchenfeldt, Walter (Hrsg.): *Kunstsalon Cassirer.* Band 5 und 6. Wädenswil 2015.

Faber, Monika/Mahler, Astrid (Hrsg.): *Heinrich Kühn. Die vollkommene Fotografie.* Ostfildern 2010.

Feilchenfeldt, Rahel E./Raff, Thomas: *Ein Fest der Künste. Paul Cassirer. Der Kunsthändler als Verleger.* München 2006.

Fischer, Ernst Peter: *Niels Bohr. Physiker und Philosoph des Atomzeitalters.* München 2012.

Flügge, Manfred: *Gesprungene Liebe. Die wahre Geschichte zu ›Jules et Jim‹.* Berlin/Weimar 1993.

Föhl, Thomas/Wolff, Stephan: *Alfred Wolff und Henry van de Velde.* Berlin/München 2018.

Franck, Dan: *Montparnasse und Montmartre. Künstler und Literaten in Paris zu Beginn des 20. Jahrhunderts.* Berlin 2011.

Frecot, Janos et al.: *Fidus* 1868–1948. München 1972.

Friedländer, Max J.: *Der Kunstkenner.* Berlin 1920.

Gargano, Pietro/Cesarini, Gianni: *Caruso. Eine Biographie.* Zürich 1991.

Gide, André: *Autobiographisches.* Gesammelte Werke in 12 Bänden. Hrsg. von Peter Schnyder. Stuttgart 1990.

Gide, André: *Et nunc manet in te und Intimes Tagebuch.*

Aus dem Nachlass. Stuttgart 1952.

Gold, Arthur / Fizdale, Robert: *Misia. Muse, Mäzenin, Modell.* Frankfurt am Main 1991.

Gumbrecht, Hans Ulrich: 1926. *Ein Jahr am Rand der Zeit.* Frankfurt am Main 2001.

Hauptmann, Gerhart: *Tagebücher* 1906–1913. Hrsg. von Peter Sprengel. Frankfurt am Main / Berlin 1994.

Henke, Matthias: *Arnold Schönberg.* München 2001.

Hesse, Hermann: *Die Briefe. Band* 2. 1905–1915. Hrsg. von Volker Michels. Berlin 2013.

Huber, Hans Dieter: *Edvard Munch. Tanz des Lebens. Eine Biographie.* Stuttgart 2013.

Hülsen-Esch, Andrea von / Finckh, Gerhard (Hrsg.): *Der Sturm. Zentrum der Avantgarde.* Ausstellungskatalog, Band 2. Wuppertal 2012.

Hülsewig-Johnen, Jutta / Mund, Henrike (Hrsg.): *Der böse Expressionismus. Trauma und Tabu.* Ausstellung der Kunsthalle Bielefeld. Köln 2017.

Ikelaar, Leo (Hrsg.): *Paul Scheerbarts Briefe von* 1913–1914 *an Gottfried Heinersdorff, Bruno Taut und Herwarth Walden.* Paderborn 1996.

Illies, Florian: *Gerade war der Himmel noch blau. Texte zur Kunst.* Frankfurt am Main 2017.

Illies, Florian: 1913. *Der Sommer des Jahrhunderts.* Frankfurt am Main 2012.

In Memoriam Paul Cassirer. 7. *Januar* 1926. Gedächtnisreden. Weimar 1926.

Jahrbuch der Staatlichen Kunstsammlungen Dresden, Berichte, Beiträge 2005, Bd. 32, Sonderband.

Junge-Gent, Henrike: *Alfred Lichtwark. Zwischen den Zeiten.* Berlin/München 2012.

Jünger, Ernst: *Kriegstagebuch* 1914–1918. Hrsg. von Helmuth Kiesel. Stuttgart 2010.

Keller, Luzius: *Proust* 1913. Hamburg 2014.

Kennert, Christian: *Paul Cassirer und sein Kreis. Ein Berliner Wegbereiter der Moderne.* Frankfurt am Main 1996.

Kjetsaa, Geir: *Maxim Gorki. Eine Biographie.* Hildesheim 1996.

Kraus, Karl: *Briefe an Sidonie Nádherný von Borutin.* 1913–1936. Band 1. Neu herausgegeben von Friedrich Pfäfflin. Göttingen 2005.

Kropmanns, Peter: *Das Atelier im Grünen. Henri Matisse – die Jahre in Issy.* Berlin 2010.

Kubik, Szymon Piotr/Kacprzak, Dariusz (Hrsg.): 1913. *Frühlingsweihe.* Ausstellungskatalog. Stettin 2013.

Kunsthaus Zürich (Hrsg.): *Großstadtrausch. Naturidyll. Kirchner–die Berliner Jahre.* Ausstellungskatalog. Zürich 2017.

Lauinger, Horst: Über den Feldern. Der Erste Weltkrieg in *grossen Erzählungen der Weltliteratur.* Zürich 2014.

Lauterbach, Ulrich/Siebert, Eberhard (Hrsg.): *Wirklichkeit und Traum. Gerhart Hauptmann* 1862–1946. Ausstellung der Staatsbibliothek Preussischer Kulturbesitz Berlin. Berlin 1987.

Leopold, Diethard et al. (Hrsg.): *Wally Neuzil. Ihr Leben mit Egon Schiele.* Wien 2015.

Levenson, Thomas: *Einstein in Berlin.* New York 2013.

Lichtenstein, Alfred: *Gedichte und Geschichten.* Band 1. München 1919.

Lichtwark, Alfred: *Makartbouquet und Blumenstrauss.* Berlin 1905.

Lützeler, Paul: *Hermann Broch. Eine Biographie.* Frankfurt am Main 1988.

Luyken, Gunda/Wismer, Beat (Hrsg.): *George Grosz. Der große Zeitvertreib.* Ausstellungskatalog. Köln 2014.

Marbacher Magazin, *Vom Schreiben* 4, 74/1996.

Marc, Franz/Marc, Maria: *Briefe.* Hrsg. von Annegret Hoberg. München 2018.

Meier-Graefe, Julius: *Tagebuch 1903–1917 und weitere Dokumente.* Hrsg. von Catherine Krahmer. Göttingen 2009.

Michalzik, Peter: 1900. *Vegetarier, Münster und Visionäre suchen nach dem neuen Paradies.* Köln 2018.

Möhrmann, Renate: *Tilla Durieux, Paul Cassirer.* Berlin 1997.

Mocek, Claudia: *Mata Hari.* Stuttgart 2017.

Mondrian. Piet: *Catalogue Raisonné.* 2 Bände. Bearbeitet von Joop M. Joosten und Robert P. Welsh. München/ New York 1998.

Muxeneder, Therese: *Arnold Schönberg & Jung-Wien.* Wien 2018.

Neider, Andreas: *Michael und die Apokalypse des 20. Jahrhunderts. Das Jahr 1913 im Lebensgang Rudolf Steiners.* Stuttgart 2013.

Reeds, Bärbel: *Hesses Frauen.* Berlin 2013.

Peteuil, Marie-Françoise: *Helen Hessel. Die Frau, die Jules und Jim liebte. Eine Biographie.* Frankfurt am Main 2013.

Regnier, Anatol: *Frank Wedekind. Eine Männertragödie.* München 2010.

Richardson, John: *Picasso. Leben und Werk. 1907–1917.* München 1997.

Rubinstein, Arthur: *Erinnerungen. Die frühen Jahre.* Frankfurt am Main 1980.

Schenkel, Elmar: *Fahrt ins Geheimnis. Joseph Conrad. Eine Biographie.* Frankfurt am Main 2007.

Schickling, Dieter: *Giacomo Puccini. Biographie.* Stuttgart 1989.

Schirrmacher, Frank: *Die Stunde der Welt. Fünf Dichter – ein Jahrhundert. George, Hofmannsthal, Rilke, Trakl, Benn.* München 2017.

Schmid, Adolf: *Rilke in Rippoldsau. 1909 und 1913.* Freiburg i. Br. 1984.

Schmitz, Oscar A. H.: *Durch das Land der Dämonen. Tagebücher 1912–1918.* Hrsg. von Wolfgang Martynkewicz. Berlin 2007.

Sinclair, Andrew: *Jack London. Eine Biographie.* Frankfurt am Main 1982.

Smee, Sebastian: *Kunst und Rivalität. Vier außergewöhnliche Freundschaften.* Berlin 2017.

Sommer, Achim (Hrsg.): *Max Ernst. Frühe Zeichnungen. Schenkung Werner und Monique Spies.* Ausstellungskatalog. Brühl 2018.

Stach, Reiner: *Kafka. Die Jahre der Entscheidung. 1910–1915.* Frankfurt am Main 2017.

Stach, Reiner: *Kafka von Tag zu Tag. Dokumentation aller*

Briefe, Tagebücher und Ereignisse. Frankfurt am Main 2017.

Stein, Gertrude: *Jedermanns Autobiographie.* Frankfurt am Main 1996.

Steinfeld, Thomas: *Der Arzt von San Michele. Axel Munthe und die Kunst, dem Leben einen Sinn zu geben.* München 2007.

Sternheim, Carl: 1913: *Schauspiel in drei Aufzügen.* Leipzig 1915.

Strauß, Botho: *Der Fortführer.* Reinbek bei Hamburg 2018.

Paul-Klee-Stiftung Kunstmuseum Bern (Hrsg.): *Paul Klee. Tagebücher* 1898–1918. Stuttgart 1988.

Pessoa, Fernando: *Dokumente zur Person und ausgewählte Briefe.* Zürich 1988.

Vietor-Engländer, Deborah: *Alfred Kerr. Die Biografie.* Reinbek bei Hamburg 2016.

Wedekind, Frank: *Die Tagebücher.* Hrsg. von Gerhard Hay. Frankfurt am Main 1986.

Wegner, Matthias: *Klabund und Carola Neher. Eine Geschichte von Liebe und Tod.* Berlin 1996.

Wencker-Wildberg, Friedrich: *Mata Hari. Roman ihres Lebens.* Leipzig 1994.

Wendt, Gunna: *Lou Andreas-Salomé und Rilke-eine amour fou.* Berlin 2017.

Wichner, Ernest/Wiesner, Herbert (Bearb.): *Franz Hessel. Nur was uns anschaut, sehen wir. Ausstellungsbuch.* Berlin 1998.

Wiggershaus, Renate: *Joseph Conrad. Leben und Werk in Texten und Bildern.* Frankfurt am Main/Leipzig 2007.

Wittich, Evelin (Hrsg.): *Rosa Luxemburg. Herbarium.* Berlin 2016.

Zauberfest des Lichts. Henri Matisse in Marokko. Gemälde und Zeichnungen. Zusammenstellung und Nachwort von Annette Ludwig. Frankfurt am Main/Leipzig 2002.

Zeitschrift des Deutschen Vereins für Kunstwissenschaft, *Sammler der frühen Moderne in Berlin*, Bd. 42, Heft 3, Berlin 1988.

致　谢

需要感谢的有很多人、很多事——尤其要感谢那些热切的鼓励，让我追随激情，继第一本关于1913年的书之后接续创作了第二本。我衷心感谢菲利西塔·鲍迈斯特、西蒙·埃尔森、马蒂亚斯·F. 汉斯、奥利弗·雅恩、索尼娅·约斯特、保罗·曼茨、克里斯塔·梅韦斯、克里斯托夫·米勒、斯特凡·普克斯、洛塔尔·舍尔默、莉萨·马雷·施密特、亚当·索博琴斯基、卡特兰·福格尔以及朱莉娅·沃斯。他们提供了无数奇人逸事的线索，这些人物和故事亟需在这一不同寻常的年份中占据一席之地。

我在此感谢菲舍尔出版社的约尔格·邦、西芙·布布利茨和我的编辑尼娜·西勒姆对本项目的大力支持。同样要感谢的还有本书出版部的弗兰克·格克先生，他为本书找到了1913年的字体。我非常高兴,继《1913:世纪之夏的浪荡子们》之后,埃哈德·许茨和彼得·西勒姆继续承担了这本新书的初次审阅和复审工作。他们严谨及有见地的审校让本书得以避免诸多语言和时间线上的偏差。本书能以当前的面貌及名字呈现,费迪南德·冯·席拉赫的重要性无可估量。我还要感谢马蒂亚斯·兰德韦尔,他也为本书的面世提供了帮助。

图书在版编目（CIP）数据

1913. 繁华将尽的时代终章 /（德）弗洛里安·伊利斯著；杨瑞璐译. -- 南京：译林出版社，2024.8.
ISBN 978-7-5753-0216-6
Ⅰ. K504-49
中国国家版本馆CIP数据核字第2024F3K317号

1913: Was ich unbedingt noch erzählen wollte by Florian Illies
Copyright © S. Fischer Verlag GmbH, Frankfurt am Main, 2018
This edition arranged with S. Fischer Verlag GmbH
Simplified Chinese edition copyright © 2024 by Yilin Press, Ltd
All rights reserved.

著作权合同登记号 图字：10-2019-272号

1913：繁华将尽的时代终章 ［德国］弗洛里安·伊利斯／著 杨瑞璐／译

责任编辑	王瑞琪
装帧设计	韦 枫
校 对	施雨嘉
责任印制	董 虎

原文出版	Fischer, 2018
出版发行	译林出版社
地 址	南京市湖南路1号A楼
邮 箱	yilin@yilin.com
网 址	www.yilin.com
市场热线	025-86633278
排 版	南京展望文化发展有限公司
印 刷	江苏凤凰通达印刷有限公司
开 本	787毫米×1092毫米 1/32
印 张	11
插 页	2
版 次	2024年8月第1版
印 次	2024年8月第1次印刷
书 号	ISBN 978-7-5753-0216-6
定 价	59.00元

版权所有·侵权必究

译林版图书若有印装错误可向出版社调换。质量热线：025-83658316